アフターコロナに
飛躍するための
「ファン気学」
入門

ファン気学コンサルタント
株式会社 ROSES 取締役副社長　久保田兼右＝著

ファンクラブコンサルタント
株式会社 ROSES 代表取締役社長　増田　悦子＝監修

今日の話題社

はじめに

2020年、世界的に猛威を振るっている新型コロナウィルス。日本でも全国的な外出自粛要請に伴い、経済および生活環境は激変しました。ワクチンや特効薬が開発されていない状況で、感染を拡大させないため、2メートルの距離感を持ったコミュニケーションや店舗運営、ITを活用したネット会議やテレワークが突如普及し、私たちのビジネスの在り方やコミュニケーションのスタイルそのものが根底から変わってしまいました。

飲食業、クラブ・バーなどの水商売、航空業、観光・宿泊業、自動車産業、百貨店、アパレル、音楽・舞台などのエンターテインメント業界など、業種によっては死活問題になるほどの大打撃を受けています。逆にコロナウィルスの影響でネット配信業界、マスクや消毒液を含めた医薬業界、宅配業界などは好調です。

中小企業や個人事業主においても突如ビジネス環境が激変しました。研修講師やジム・ヨガのインストラクターなどは教室で実際に集まって講座を開くことができなくなり、講座が中止になり、Zoomをはじめとしたオンラインでセミナーを行うことを余儀なくされています。
また外出自粛の影響で病院、整体院なども客が減って、経営が厳しくなっている状況です。

新型コロナウィルスでビジネスにおけるゲームのルールは一変してしまいました。
しかしながら同じ飲食店でも閉店を余儀なくされた店もあれば、比較的順調で店をキープしているお店もあるのが事実です。また同じ講師でも実際の会場で行う研修がなくなっても、ユーチューバーとして活躍している講師やオンラインセミナーを開催してビジネスを維持している人もいます。

はじめに

　コロナでも繁盛するビジネスとそうでないビジネス。この差は何なのか。
　企業のファン作りのコンサルティングを10年行っている立場から言うと、それは
「ファンがいるかどうか」
　です。
　ファンがあなたを応援してくれる。ファンがお店を守ってくれる。
　まさに逆境に陥った時の命綱でありセーフティネットがファンなのです。
　そんな人間関係を日頃から作っておくことができたがどうかで、突然逆風が吹いた時に真価を問われます。

　しかしファン作りが大事というのはわかっていても、何をどうすればファンになってくれるかわからないものです。

　本書の監修の増田は40年以上の宝塚ファンで、娘が宝塚歌劇団に入団後、娘のファンクラブを運営し、退団後、ファン作りのノウハウを生かして起業し、現在企業のコンサルティングをしています。私は10年以上増田と一緒に企業のコンサルティングをしていますが、増田が20年以上かけて体得してきたファン作りのノウハウは感覚的な職人技の領域なので、言語化しにくく、10年一緒に仕事をしている私でさえ完璧に習得できたと自信を持って言える領域には到達できていません。

　ファンになっていただくことは人間関係の究極の形です。
　この本では、ファン作りという職人技ともいえる人間関係のノウハウを九星気学で言語化し、体系化しました。増田は15年以上、私も10年以上九星気学を学び、実践してきました。
　九星気学は人間関係の相性占いとして知られていますが、人間関係をより良くするためのコミュニケーションの技術としても活用することができます。
「ファン気学」

という言葉、はじめて聞かれると思います。

ファン気学とは、増田が20年来培ってきた、ファンを増やすために必要な心構えやコミュニケーションの取り方やブランディングの方法論を日本古来の開運技法である九星気学をベースに体系化した考え方です。

ファン気学を活用すれば、起業して会社を軌道に乗せる上でビジネスの方向性やブランディング、コロナ下での今後のビジネスの方向性にも活用できます。また、就職や転職をする上での自分に合った仕事選びにも役立ちます。

お客様や社内の上司や同僚、部下との人間関係を円滑にし、コミュニケーションをスムーズにしていく上で役立ちます。

そして努力だけではどうにもならない難題に対しても開運の方向性がわかる一石三鳥の技法です。

私は30代で、監修の増田と出会うまで、「ファン」という言葉とも「気学」という言葉とも縁がない普通の会社員として仕事をしていました。

増田も、九星気学の大家、故村山幸徳先生に「こんなに良い運勢をしてるのに、どうして人に使われてるんだい？　会社を作って独立しなさい」と言われて、起業したそうです。会社を作るまで、九星気学を実践してはいませんでした。

しかしお陰様で会社は軌道に乗り、13年目を迎え、現在ではファン気学の考え方を活用しながら経営コンサルティングを行っています。この本では、私たちが日ごろ意識しているファン学と九星気学の両方を融合したファン気学の技法をご紹介します。

この本の活用の仕方ですが、大きく分けて4つの使い方があります。

1. 自分自身のファンを増やしていく上でどのようなブランディングを行い、キャラを作っていけばよいかその方向性がわかります。

副業、起業ブームですが、自分の生まれ持った気質のみを使って力技で起業してもうまくいきません。周りやファンに期待されるキャラを理解し、そのキャラになっていくことで成功への最短距離を歩むことができます。
特にアフターコロナ時代ではオンライン上でのコミュニケーションが当たり前になり、リアルの世界以上に自分の個性を強調してキャラを作っていかないと埋もれてしまいます。芸能人を例に、どうすれば自分に合ったキャラを育てていくことができるかをご説明します。

2. 自分とは違うタイプの人とどのようにコミュニケーションを取れば、ストレスなく円滑な人間関係を築くことができるか、どうすれば周りに自然とファンが増えるコミュニケーションが取れるか、その方法論がわかります。
特にアフターコロナ時代ではオンライン上でのコミュニケーションが当たり前になると、実際に人と対面で会っている時は意識して気を付けて表面化しなかった自分の欠点が、オンライン上でのコミュニケーションでは無意識に出てきてしまいます。また経済環境や置かれている状況が厳しくなり心理的ストレスの負荷がかかると、抑えきれなくなったお互いのネガティブな感情が噴出してしまい、人間関係を悪化させる対立を生み出してしまうことすらあります。どうすれば自分の欠点や相手の傾向を理解しながら関係を強化していくか、その方法をご説明します。

3. 自分に合った才能を開発して、自分の強みを増やすことができるようになります。
特にアフターコロナの時代では突然の不測の事態によって、ビジネス環境が激変し、自分の強みが全く通用しなくなることが起こりました。その際に収入源を複数持っておけば、リスク分散ができるようになります。また複数の強みを持つことができれば、それぞれの強みを掛け合わせて新たな価値を提供することもできるようになります。開運技法を活用した自分自身やビジネスの新たな価値の作り方をご説明します。

4. 得たい成果や願いごとを叶えるために、九星気学の力を活用して、どのように開運していくか、その実践方法を私と増田が実践し実現してきた方法をご紹介いたします。
   特にアフターコロナの時代では突然の不測の事態によって、ビジネス環境が激変し、ビジネスにおけるルールすら激変してしまいます。ルールチェンジに対応するためにどのように日々自己研鑽しながら、ビジネスモデルを革新し続けることができるか。開運技法を活用した自分自身やビジネスのバージョンアップの方法をご説明します。

この本を通じて、アフターコロナ時代だからこそ明るく楽しく前向きに、周りのファンに囲まれながら自分を磨き輝かせていくためのお手伝いをできたら幸いです。

これまで自己流で努力して成果がなかなか出なかった方は、ファン作りのノウハウや九星気学を体系化したファン気学を活用して、あなただけのオリジナルのキャラ作りや周りの人に愛され成功できるファン作りを目指してください。

本書は5部構成でお届けいたします。

第1部は「劇的な飛躍を呼び込むファン気学」

ファン気学とは何なのか。他の九星気学と何が違うか。監修の増田と私、そして弊社 ROSES がファン気学を活用してどのようにチャンスをつかんできたか。そして、どうしてファン気学ができたのか。その背景と軌跡をご紹介いたします。

第2部は「ファン気学でファンを増やす」

ファン作りに必要な生まれ持った気質であるベースタイプや周りからの期待される役割であるキャラを明らかにし、どのようにブランディングを行えばよいかその方向性をご紹介いたします。

第3部は「ファンを増やすタイプ別コミュニケーション」
仕事や日々の人間関係でどうすればファンが増えるか、特定の「あの人」にどうすればファンになっていただけるか、ファン気学でその解決策をご紹介します。相手に合わせたコミュニケーションを取ることで、自然とあなたの周りにファンが増えてきます。

第4部は「アフターコロナ時代のビジネス開発、スキル開発」
劇的な環境変化で突然ビジネスがストップしてしまうことが起きると、ビジネスを複数持ったり、商品、サービスを複数持っていくことがリスクを分散させる上で死活問題となります。
ファン気学の観点からリスクを回避していくために新たな強みやサービスを強化していく際にどのような方向性で挑戦すればよいかをご紹介します。

第5部は「アフターコロナ時代で生き残るために時流とチャンスをつかむ」
アフターコロナの時代は先が読めない時代です。不測の事態を予想すべく時流を読む力をファン気学で解いていきます。また不測の事態に備えるためにチャンスを引き寄せるための日々の行動や心がけが大事になります。私と増田が実践してきて効果があったラッキー体質になる行動や習慣をご紹介いたします。

ファン気学とは何なのか知りたい方は
第1部「劇的な飛躍を呼び込むファン気学」からお読みください。

どうやったらファンが増えるか、どうブランディングしたらよいかは
第2部「ファン気学でファンを増やす」からお読みください。

人間関係がどうすれば良くなるかお悩みの方は
第3部「ファンを増やすタイプ別コミュニケーション」からお読みください。

ビジネスを何とか立て直したいとお悩みの方は
第４部「アフターコロナ時代のビジネス開発、スキル開発」からお読みください。

手っ取り早く開運したい方は
第５部「アフターコロナ時代で生き残るために時流とチャンスをつかむ」「第13章　不測の事態に備えラッキーアクションを取りながら日々自己成長し続ける」からお読みください。

それでは、みなさんのファン作りの一助となることを願って、この本をスタートします。

CONTENTS

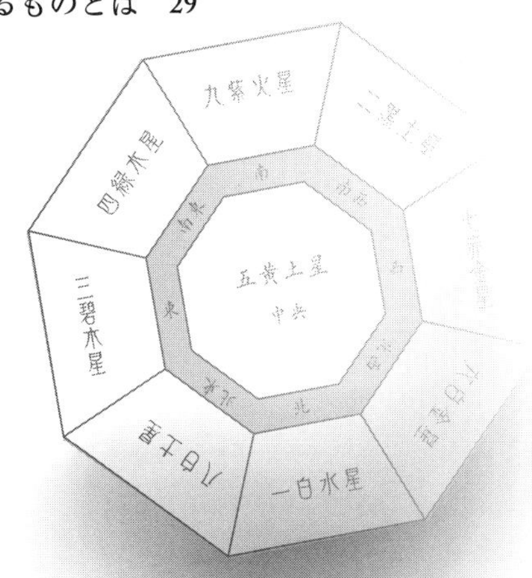

第5章 キャラを使ってキャリアをステップアップする

北
北西
60°
30°
9年目
1年目
8年目
新年
冬
2年目
7年目
春
秋
3年目
6年目
夏
5年目
4年目

第3部
ファンを増やすタイプ別コミュニケーション

第4部 アフターコロナ時代のビジネス開発、スキル開発

第5部
アフターコロナ時代で生き残るために時流とチャンスをつかむ

第1部

劇的な飛躍を呼び込む
ファン気学

第1章
ファン気学を実践したらミラクルが起きた！

1　周りから「クレイジー」と止められた起業

株式会社ROSESは監修の増田が50歳の時に起業し2020年現在13期目。

ファン作り関連で5冊の商業出版。マーケティングの専門家として広告業界で有名な出版社である「宣伝会議」で『コミュニティ活用講座』の講師を務めるまでになりました。

現在では日本を代表する大企業のコンサルティングも行うようになり、会社は軌道に乗り順風満帆です。

しかし、増田が起業しようとしたときには、周りのすべての人から止められ「クレイジーだ」と言われたそうです。

のちに増田が「実際に起業してみると、周りがどうして止めたか？　よくわかる。会社を作って仕事を始めると、年令も性別も関係なく、闘い続けなければならない。おばさんだからとか、50歳だからとかは通用しない。頭も体も元気な20代とも同等に闘っていかねばならないのだから」と言っていました。

起業しても10年で6％しか残らないと言われる時代、なぜ弊社が無借金でここまで安定経営ができるようになったのか？　と、とてもよく質問されます。

素晴らしいクライアント様に恵まれたのも一因ですが、今振り返ってみるとファン気学の考え方を地道に実践してきたからだと自信を持って言えます。

・ファン作りのブログを書き始めたら3か月で読者が1000人になり、セミナーを開いたら2か月で100名以上の方々に参加いただき、その後コンサルティング依頼が続々入り、広告宣伝を全くせず、13期目
・お客様の出版をお手伝いしていたら、知人が「それより増田さんが出版したら？」と出版社を紹介してくれ1冊目の出版
・たまたまオフィスが高速道路の建設予定地になり、道路公団からお金をもらってオフィスをラッキー方位に引っ越すことができた
・知り合いに誘われて行ったパーティーで、昔の知り合いに会い、「そんなに頑張ってるのなら、うちの会社で出版したら？」と言ってもらって、2冊目を出版
・クライアント様のご紹介で、プレゼンもせずに、日本を代表する大企業のコンサルティングをするようになる
・クライアント様のご紹介で、プレゼンもせずに、東証一部上場企業の新規事業のコンサルティングをすることになる
・10周年＆還暦＆出版記念パーティを企画したら170名の方々にご参加いただき、そこから何社もコンサルティングの依頼がある

などなどこの12年で起きたROSESのミラクルの数々です。
不思議だと思いませんか？

2　奇跡の理由はファン気学を実践したから

今振り返ってみると、これらの奇跡はファン気学の教えを毎日コツコツ実践してきたからこそ起きた奇跡です。
コンサルタントは、普通MBAホルダーや大手コンサルタント会社出身の人が多い業界です。
そこにファンを作った経験があるというだけで、乗り込み残ってきたのは、運と人とのつながりに支えられたからです。

もちろん、私たちなりの努力はしてきましたが、それだけでは説明できないものがあります。
それは、「気学を愚直に実践し続けることで、自分の不得意を克服し、自分の得意を伸ばしてきた」からなのです。

九星気学には、いろいろな方法があります。
その中の一つの吉方位を取るというのは、自分にとってラッキーな方位を取ることで、まさに自分の不得意を克服し、自分の得意を伸ばすことができるのです。

実は、増田は、すぐ物事の結果を求め、空を飛んで一足飛びに目的地に着きたいタイプの人です。地道にコツコツではなく、ひらめきですぐ動くタイプです。
でも、今、増田を知るほとんどの方々は、「増田さんはコツコツタイプだ」と言うはずです。
それは、気学を愚直に実践することで、コツコツ努力できる力を身に着けたということなのです。
ファン気学の力は楽して儲けるという占いやおまじないのようなものではなく、日々前向きに行動し、努力していくための地図であり、羅針盤です。
「有名になる」「お店を繁盛させる」
そう目標を持っても、何をどうやったらいいかわからないものですし、成功するかどうか確信が持てず不安です。誰かに相談しても、アドバイスはまちまちでかえって迷ってしまいます。

ファン気学の力には即効性はありません。しかし、あなたに正しい努力の方向性を示してくれます。正しい努力の方向性にしたがって、行動する環境や習慣を作ることで、じわりじわりと確実に効果が出てきます。ぜひその世界に触れてみてください。

3　ファン気学でアトピーとヘルニアが治った！

実は私自身もファン気学によって人生が変わりました。

増田と出会う前、私は病気がちでした。当時、私は転職したソフトウェアの会社の仕事になじめず、失敗ばかり。毎晩終電近くまで働き、運動不足の影響かぎっくり腰を発症し、その後椎間板ヘルニアだったことが判明するのですが、腰の激痛にたびたび悩まされるようになりました。

また幼い頃からの持病であったアトピー性皮膚炎もストレスと疲労で悪化し、ストレスを抱えた体は悲鳴を上げ、ひじやひざの裏、首などは皮膚のかきむしりが止まらない状態でした。

シャツには、かきむしったところから、血がにじんでいました。当時の皮膚は硬く厚く、顔はステロイド剤で焼けた赤みを帯びた色でした。

コーチングスクールで知り合った増田から、気学の極意を教えてもらいました。「良い方位に引っ越すと健康になる」ということを知っても、はじめはよくわかっていませんでした。

ただ、それまでの人生があまり良くなかったので、これ以上悪くないこともないだろうと、思い切って増田の言う通りに引っ越してみました。そして、増田が毎日やっているその日の良い方位に行くことを始めました。

その後に現在の会社に転職するのですが、同時にいろんな変化が起きてきました！　まず、漢方医の方からのコンサルティング依頼が来ました。

その先生から、「ステロイド剤を抜きなさい。漢方薬を出してあげるから」と言われて、話に聞くほど苦しむこともなく、30年以上塗っていたステロイド剤を止めることができました。

その後、当時のクライアント様に劇的にアトピーが良くなると紹介され、台湾人医師の鍼治療に1年通いました。医師に教えていただいた食事療法も取り入れました。

そうすると幼い頃から悩ませ続けたアトピーも劇的に改善し、体質をコントロールしながら快適な生活を送れるようになったのです。

そしてヘルニア。仕事中心の生活で食生活が荒れ、そして運動不足にもなったため、いつの間にか体重が15kg増え、腰が悲鳴を上げていました。

一念発起し、ダイエットを敢行。11か月で15kgの減量に成功。その後もリバウンドもせず、身軽な体形をキープして、紹介いただいた凄腕の整体師に定期的に整体に行き、ヘルニアが再発しないように注意しています。

こうして10年前は人生をあきらめかけていた私ですが、気学の力で今ではこうして健康で人生をエンジョイしています。

第２章
アフターコロナ時代にこそ求められるファン気学

1　ファン気学のルーツ、九星気学

ファン気学のベースとなる九星気学のルーツは古代中国の易（えき）にまでさかのぼります。

易は中国古来の占いです。今から4000年近く昔の殷時代の亀の甲羅や動物の骨を用いてそのひび割れを吉凶や方角を読む占いにルーツがあります。その後、周時代に体系化され、今から2500年前、儒教の祖・孔子が書いた解説書が易経です。

易はもともと、この世のすべてのものを陰と陽、つまりプラスとマイナスから生まれた8つの現象に分け、占った結果を8つの現象を元に読み解いていく学問です。

8つの現象を東西南北、南東、南西、北東、北西の8方位を当てはめ、中央を加えた9つの方位を3×3の魔法陣のように配置し「九星」として運勢を占っていました。9つの運勢、これが「九星気学」のもととなった考え方です。

4 南東	**9 南**	**2 南西**
3 東	**5 中央**	**7 西**
8 北東	**1 北**	**6 北西**

その後日本においては、1500年前に中国から陰陽五行説として流入し、その

後、飛鳥時代の天武天皇により国家的な陰陽道として体系化され、暦の作成、占いによる吉凶の判断、星の観察などを専門とする陰陽師が生まれました。平安時代の安倍晴明などが有名です。

その後明治時代になり、陰陽道は迷信として廃止されましたが、大正時代に園田真次郎が江戸時代の九星を用いた鑑定を体系化し九星気学として広めました。

九星気学の基本的な考え方の一つは、人の運勢を占うものです。その人が生まれた年・月によって配置された魔方陣の数字の性質を元に、どのような性格を持っているかを把握します。その上で今年や来年などその年がどのような運勢になるか占うものです。年ごとに、自身を表す数字の位置は魔方陣の中を規則性を持って移動していきます。移動した位置がもたらす意味が、その人のその年の運勢を表します。

例えば2020年の私の運勢は一般的には「八方塞がり」と言われ、物事を強引に推し進めると壁にぶち当たる年とされています。

九星気学のもう一つの考え方は、方位の吉凶を占うものです。引っ越しや旅行などある方位に移動する際の吉凶を占うもので、年・月・日によって配置された魔方陣の数字の性質によって自分自身の性質にとって、どの方位が吉か、どの方位が凶かを踏まえ、吉の方位に移動して開運するという考え方です。またこの方位の考え方をベースにした家のレイアウトの鑑定を行う方法もあります。

私も監修の増田も、九星気学の考え方を元に、その年・月の心構えを意識し、開運のためのラッキーアクションを行っています。

2　ファン気学の本質は「自分磨き」

増田が宝塚にいた娘のファン対応やクライアント様との対応の中で独自に身に着けたファン作りのノウハウを九星気学によって整理したものが「ファン気学」です。

増田のファン作りのポイントは「ファンの立場になって考え、ファンならどうすれば喜ぶかを考えて行動する」ということです。

また、「芸能人や有名人でもない限り、人は、自分に興味を持ち、良くしてくれる人のファンにしかならない」と言います。

どうすれば相手が喜ぶか、その人の笑顔をイメージしながらその人の喜ぶことをするということです。

といっても、人の性格はそれぞれで、喜ぶポイントはさまざまです。

九星気学の9つのタイプによってお客様の喜ぶポイントは変わってきます。

9つのタイプそれぞれのお客様に寄り添い、お客様に合わせ、お客様の喜ぶ対応を行うのです。9つのタイプそれぞれ、人の性質が違うとわかれば、人と人とのコミュニケーションがとても楽になります。人は違ってよいのです。人それぞれ違ってよいと思えば、相手に対して怒る必要もなくなり、冷静な対応ができるようになります。

関わった相手やお客様がファンになっていただけるかどうかは相手の喜ぶ顔の先にしか答えはないと増田は言います。

その人のためを想い、変わっていくことを信じて120%で関わっていけば、人は必ず変わります。

一緒に成長していく。それこそが、一番の喜びです。

ファン気学は、周りの人やお客様を通じて自分自身がファンに愛されるスターになれるよう自分を磨いていく技術なのです。

3　「うさぎとカメ」から進化したファン気学

もともと、増田が独自に身に着けたファン作りのノウハウは、宝塚にいた娘のために「ファンを増やして、チケットを一枚でも売ろう」という思いから、長年苦労して積み上げてきた経験的なもので、なかなか言葉にしづらいものでした。

増田がファンへの対応から編み出した、以前の著書でも取り上げた「うさぎとカメのコミュニケーション」は、実際にファンの方への対応をしていて気づいたことがベースになっています。全く同じ対応をしても、「心地良い人」と「不愉快な人」がいることに気づき、「もしかしたら、タイプによって、対応方法を変えなくてはいけないのではないか？」と思ったのが始まりです。

ファンの動きや反応を見ているうちに、活発で流行に敏感だが飽きっぽい「うさぎ」タイプと、地味だがコツコツ努力できる「カメ」タイプがあることがわかってきました。その人が「うさぎ」か「カメ」か、タイプがわかることで、ファン心理を理解することができ、ファンを増やすこと、ファンでい続けてくれることに役立てたのです。

増田の「うさぎとカメ理論」を聞いた時に、私は「これはまさしく、キャズム理論だ！」と思いました。

キャズム理論はマーケティング理論の一つで、新しい技術を普及させるには、新しもの好きの少数者「アーリーアダプター」から、実績がないと買わない大多数の「マジョリティ」に普及するまでに、両者の間にある「キャズム」と呼ばれる深い溝を越えなければならないという理論です。

うさぎは、新しもの好きの「イノベーター」と「アーリーアダプター」であり、カメは、評判が良い実績のあるものを選ぶ「アーリーマジョリティ」、「レイトマジョリティ」、「ラガード」になります。

しかし、実際にお客様に対してコンサルティングをしていると、結果を出すためには、「うさぎとカメ理論」だけでは足りないことに気づきます。

相手のタイプがわかっても、「どうしたら、結果を出すステップを踏んでくれるのか？」を考え、相手がやりやすいように接する必要があるからです。

そこで、以前から学んでいた九星気学と、ファン作りのノウハウを融合するようになりました。

「結果を出してもらうためには、相手のタイプによって対応を変えていく必要がある」ことに気づいたのでした。

このようなコンサルティングの実践と経験からファン気学が生まれました。

生まれた生年月日を踏まえ人を9つの性格に分けて、その性格ごとの特徴を踏まえ、相手がどのような性格の人か、相手に合わせた対応を意識し心がけることで、周りにファンが増えていく。

九星気学の考え方とファン作りのノウハウを融合したのが、ファン気学です。

 アフターコロナ時代に求められるものとは

弊社は、90社近い会社のコンサルティングをしてきました。

その中で、9つのタイプ全てのクライアント様と仕事をしてきて、たくさんの知見を集めてきました。それをもとに実際にコンサルティングすることで、実績を積み重ね、研究を積み重ねています。

ファン気学は「どうすればファンが増えるか」「人気が出るためにはどうブランディングすべきか」「どうすればファンになってもらうか」など人気の出し方、ファンの増やし方を研究した技術です。

まさにファン気学は人気学です。人気学にも「気」が入っていますが、スターになる人には、人間的な色気があります。

色気も「気」です。この人の話が聞きたい。この人と一緒に居たい。

すべて、「気」です。オーラと言ってもいいです。

成功している多くの芸能人や有名人の人気の秘密をファン気学で解いてみると成功の法則が見つかりました。

例えば宝塚。10代の女性が男役、女役に分かれて舞台を演じていきます。5組あるカンパニーそれぞれのトップスターは男役1名、女役1名のみ。そのトップスターを目指してファンを増やしていくのですが、舞台に役が付き、新人公演の主役、三番手スター、二番手スター、トップスターに上がっていく上で、ライバルと差別化しなければ生き残れません。その際、同じ男役でも歌がうまい、ダン

スがうまいというスキルに加えて、「王子様キャラ」「ちょいワルキャラ」「影のある男キャラ」「永遠の少年キャラ」「体育会系キャラ」などキャラ立ちした個性がないとファンが爆発的に増えてトップへの階段を上がっていくことができません。

お笑い芸人も同じです。漫才ではボケとツッコミという役割分担と話の掛け合いで成り立ちますが、ライバルの中から一歩抜けるにはボケ、ツッコミ共に強烈なキャラがないと覚えてもらえません。特にボケキャラをわかりやすく作るために太ってデブキャラになることで印象づける芸人が多いです。ダチョウ倶楽部の上島竜兵、タカアンドトシのタカなどはデビュー当時は痩せていましたが売れていく中で体形を太らせボケキャラを確立しました。

デブキャラは一人で活動するタレントやピン芸人でも当てはまります。

マツコ・デラックスは体重140kgという巨漢で女装していますが、毒舌でコメントが面白いのでコメンテーターや司会で活躍しています。

渡辺直美も体重107kgを公表していますが、ファッションセンスやダンスのセンスはバツグンです。インスタグラムのフォロワーが944万人（2020年10月現在）で断トツ日本一のインフルエンサーです。

「太っているけどコメントが面白い」「太っているけど、踊れる」「太っているけどセンスがいい」など、いわばボケとツッコミの一人二役をやるような二面性を一人で作り上げることで、キャラを際立たせています。

成功している人は周りから求められる役割が明確でキャラ立ちしていて、その役割を演じ切っています。だからファンが増えるのです。

これからのアフターコロナ時代では、オンライン上でのコミュニケーションが当たり前になり、リアルの世界以上に自分の個性を強調してキャラを作っていかないと埋もれてしまいます。この本では芸能人や有名人を例に、どうすれば自分に合ったキャラを育てていくことができるかをご説明していきます。

第２部

ファン気学で
ファンを増やす

第３章
ファン気学の９つのタイプ

1　アフターコロナ時代はファンが求めるキャラになる

いま、いわゆる、「新しい生活様式」によって新しい仕事の在り方を迫られています。

飲食店では、ソーシャルディスタンスが徹底されていて、店内の席は半分以下になり、間隔を空けて座るようになっています。また通常のビジネスにおいてもテレワークが当たり前になってくると、今まで以上に仕事に成果が求められます。新規開拓の営業においてもプッシュ型の対面営業は今まで以上に難しくなり、Zoom、オンラインセミナーやYouTube配信などの動画セミナーの手法でのニーズの掘り起こしがより重要になってきています。

ただ、どの飲食店もテイクアウトを始め、どの講師・コンサルタントもYouTubeやオンラインセミナーを始めた今、商品やコンテンツそのものだけでは差別化が図りづらくなっています。

商品やサービス、コンテンツの善し悪しは大なり小なり誰しもそれほど変わらないものです。情報があふれているので、まねしようと思えば簡単にできてしまいます。

では、何で生き残るか。

監修の増田は、「答えは全てファンが知っている」と言います。

「ファン」とは、お客様の方からあなたをいつでも追いかけてくれて、そして商品やサービスを喜んでお金を払ってくれる買っていただける存在です。そして応援してくれ、商品やサービスやあなたをもっと良くなるように育ててくれます。時にはスポンサーやパトロンとして人脈や資金を援助してくれる存在でもあります。

お客様が今何を求めているか、ファンが何を期待しているかを察知して、商品・サービスを提供する。そうすることで、ファンは買ってくれますし、口コミしてくれます。

コロナの状況下でもキープできている店を拝見していると、一様にファンがお店を守ってくれたところです。

あなたの身近にいるファンは、あなたに何を期待していますか？

耳を傾けてみると、次のアイデアが見つかるはずです。

お客様やファンに今何を求めているかいろいろ聞いてみると、自分のやりたいことや好きなことと違う場合が多くあります。

増田は、もともとリーダーシップも行動力も持っている性格です。

しかし起業の際、何で起業するか迷っていた際、恩師にすすめられてセミナープロデュース業で起業しました。その後ファン作りやファンクラブやコミュニティの運営を主とした事業を展開しましたが、どれもお客様からご用命をいただきビジネスとして確立してきたものです。

ファンクラブコンサルティングを打ち出した当初から、私たちのコンサルティングスタイルは、他の経営コンサルティングやマーケティングのコンサルティングとは違うものでした。

コミュニティの事務局として裏で支える関わり方や、コーチのように寄り添うコンサルティングのスタイルは、論理的でデータ重視で専門知識を駆使した男性の経営コンサルタントのスタイルとは一線を画していました。

自分のやりたいことと、人から求められることが違うことがよくあります。

その差を理解して、ファンに求められるキャラになりきることで、お客様から仕事をいただける状況を作っていくことができます。

2　キャラをセルフプロデュースするためのファン気学

ファンを増やすために、ファンに求められるキャラになる。

「キャラ」とは、コミュニケーションにおける行動パターンや個性をわかりやすいイメージで表現したものです。

例えば「天然キャラ」「いじられキャラ」「へたれキャラ」「優等生キャラ」「癒し系」など挙げられます。

芸能界ではアイドルやお笑い芸人などキャラ作りをしないと目立たないので、その他大勢から抜け出し、人気が出るのは難しくなっています。

個性を際立たせ、他人から見た自分らしさをブランディングする「キャラ立ち」をしなければ人気が出ないのは、芸能界だけではありません。

インスタグラマーやYouTuberをはじめSNSやネットでファンを増やしていく方々でも必要になってきています。

本来キャラを作るにはタレントのことを客観的に見てアドバイスができるプロデューサーが必要です。

芸能界では秋元康さん、つんく♂さん、ジャニー喜多川さんなどは名プロデューサーとして有名です。子役タレントの母親であるステージママもプロデューサーとして役割を果たしています。

しかし、キャラを作る上で、そして起業する上で誰しもが有能なプロデューサーやコンサルタントに出会えるとは限りません。自分でセルフプロデュースを行い、自分のキャラ作りの方向性をわかりやすく示してくれるのがファン気学です。

キャラをセルフプロデュースするためには、まず自分がもともと持っている気質がどのような傾向か知っておく必要があります。

ファン気学では、もともと持っている気質の傾向をベースタイプと呼びます。ベースタイプとはあなたの全体の性格の土台となるもので9つの種類があります。

それぞれ生まれた年によってベースタイプが決められています。

ファン気学では人は生まれた時にその時間の気のエネルギーの影響を受けると考えていて、生年月日の「年」の影響を受けたものを「ベースタイプ」と呼んで見ていきます。日々のコミュニケーションにおいて表に出てきやすいのが特徴です。あなたの性格の70％くらいがベースタイプの影響を受けています。

3　ファン気学の全体像

これからファン気学の実際の方法論に入る前に、ファン気学の全体像について触れておきたいと思います。

まず「ファン気学」とは、人と人とがコミュニケーションを円滑にする方法論を九星気学で解いたものです。

その方法論の中で使われる用語として、「ファン」と「キャラ」、そして「ベースタイプ」について、ここでまとめてご紹介します。

「ファン」とはお客様の方からあなたをいつでも追いかけてくれて、そしてあなたが提供する商品やサービスに喜んでお金を払ってくれたり買っていただける存在です。もともとは熱狂的を意味する「ファナティック fanatic」を語源としています。

ファンと言えばアイドル、タレント、スポーツ選手などをイメージしやすいですが、ファンが熱狂的になるためにはその対象の人にスター性、カリスマ性、危険な魅力など他にはない、唯一無二の何か惹かれる、人を惹きつけてやまない個性が必要になります。

「キャラ」は周りの人間関係やお客様から期待される役割です。ファンの中心にいる人のスター性を高めるために強化する個性です。キャラはキャラクターの略で、コミュニケーションにおける振る舞いを擬人化したものです。生まれた生年月日で９つのキャラのどれかに決まります。必ずキャラは生まれ持ったベースタイプとは異なる気質になります。

人は人間関係で多かれ少なかれ、周りに求められる役割、キャラを演じて生きていますが、ファン気学で定義されたキャラを生きることで、周囲からの期待を満たすことができるため、ファンが増え、あなたの提供する商品やサービスを購入する可能性が高まります。

特にアイドルグループや宝塚歌劇団などで同じ舞台・同じ衣装で演技しているとライバルとの差別化が不可欠です。より自分自身を際立たせるための個性としてのキャラを立たせていくことが生き残るために必要になります。商品、サービスで差別化が図りづらい業界においては、社長、店長本人のキャラで生き残ることも今後は求められるようになるのです。

「ベースタイプ」は、あなたが生まれ持った気質であり、素の自分です。生年月日によって９つのタイプのどれかに決まります。

それぞれの気質には良い面もあり、悪い面もあります。周りから求められる「キャラ」を活かしながらベースタイプのもつ良い面を自覚し、悪い面を改善していくことで、ベースタイプの素の自分が持つ持ち味を活かしていくことができます。

「キャラ」と「ベースタイプ」を掛け合わせると9キャラ×9タイプの81パターンができます。同じ年生まれの人は同じベースタイプになりますが、コミュニケーションにおける振る舞いが異なりキャラが異なるため、人を惹きつける魅力もそれぞれ異なってきます。キャラはライバルがいないポジションにキャラを立ててオンリーワンの存在を作っていきますが、タレントと世情を冷静に見ることができる優秀なプロデューサーがいないと成功しません。

このほか、生まれた「月」で決まる、潜在的なものを表す「ポテンシャル」などもありますが、残念ながら紙面の都合で本書では軽く触れるにとどめておきます。

これから、ファン気学の理論を用いてファンが増えるキャラを導き出し、あなたのオンリーワンの魅力を作り上げていくことで、熱狂的なファンが集まっていく土台を作っていきます。

4　ベースタイプは生まれ持った気質

ベースタイプはあなたが生まれ持った気質です。

自分自身では無意識に行う行動や言葉のパターンですが、比較的表に出てきています。顕在意識の思考や行動のパターンとも言えます。ベースタイプの気質の傾向が意識できるようになると、強みは強みとなり、弱みは克服できるようになります。特に10歳以降その性質がはっきりと現れていきます。そしてその影響は一生続いていきます。

ベースタイプを理解する理由はいくつかあります。

まず、自分はどのような年に生まれたかによって、自身の人生をどう生きたらよいか、その方向性がわかります。9つあるベースタイプそれぞれがもつ性質や特徴はほかのタイプにはない独自のものです。その特徴を生かした活動や仕事に取り組んだ方が成功しやすいです。

次に、自分の弱みや克服するべき点もわかります。強みは過信するとかえって逆効果になりますし、悪い癖がやめられない、同じ過ちを繰り返すなど、生まれた年ごとに持つ性格には人生の課題となるような克服すべき点があります。

またベースタイプがわかるとその活用方法もわかります。

ベースタイプがわかるとその年の運勢がわかるようになります。ファン気学では9年周期で毎年その年の運勢が動いていきます。その年に自分のベースタイプがどこにいるかで運勢がどのような傾向になるかわかります。また人生において早いうちに成功しやすいか、人生の後半で成功しやすいかなど人生の傾向もわかります。

自分のベースタイプがわかり、相手のベースタイプがわかるようになると、どのタイプの人が自分にとって相性が良い人かや、自分を成長させてくれるラッキーパーソンかがわかるようになります。

実は、ベースタイプの気質をあまり強調しすぎるとファンになってくれる対象もごく少数のマニアに絞られてしまい、ファンが増えていきません。より多くのファンになってもらい、スター性を高めていくためには、個性を強め尖らせていくるよりは、多くのファンに愛され期待されるキャラを活かしたブランディングを行い、自身のラッキーエネルギーを取りながら性格を丸くさせた方がファンが増えやすくなります。

ただ同じ年に生まれたら同じ性格なのか？と疑問に持つ人もいると思います。例えば学校の同級生、会社の新卒入社の同期でも性格は違ったはずです。後ほどご説明する、どの月に生まれたかによって決まるポテンシャルの影響の他、育った環境の影響や氏名の影響も出てきます。

5　ベースタイプの出し方

9つのベースタイプはそれぞれ生まれた年によってタイプが割り振られています。
その人のタイプが決まるのは生まれた時にどの種類の空気・エネルギーを吸ったかによると考えられています。

では、さっそく、あなたのベースタイプを出してみましょう。

ベースタイプ	生まれ年
一白水星タイプ	1945年、1954年、1963年、1972年、1981年、1990年、1999年、2008年、2017年
二黒土星タイプ	1944年、1953年、1962年、1971年、1980年、1989年、1998年、2007年、2016年
三碧木星タイプ	1943年、1952年、1961年、1970年、1979年、1988年、1997年、2006年、2015年
四緑木星タイプ	1942年、1951年、1960年、1969年、1978年、1987年、1996年、2005年、2014年
五黄土星タイプ	1941年、1950年、1959年、1968年、1977年、1986年、1995年、2004年、2013年
六白金星タイプ	1940年、1949年、1958年、1967年、1976年、1985年、1994年、2003年、2012年
七赤金星タイプ	1948年、1957年、1966年、1975年、1984年、1993年、2002年、2011年、2020年
八白土星タイプ	1947年、1956年、1965年、1974年、1983年、1992年、2001年、2010年、2019年
九紫火星タイプ	1946年、1955年、1964年、1973年、1982年、1991年、2000年、2009年、2018年

※1月1日から2月3日の生まれの人は前年のタイプになります。（うるう年は2月4日まで前年のタイプで見ます）

生まれ年の西暦からベースタイプを算出する方法

生まれ年の西暦の数字を各マスに入れて足します。

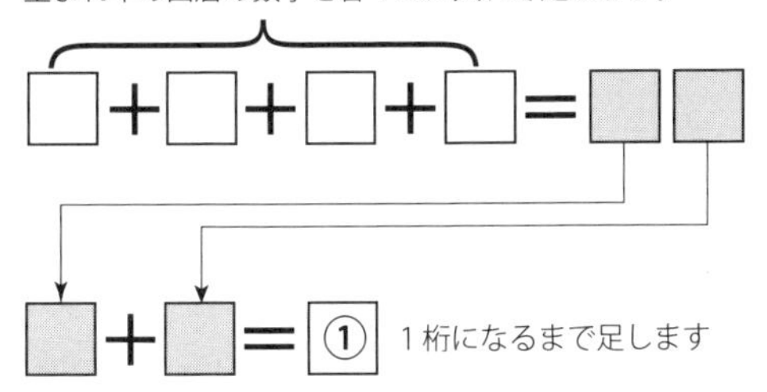

1975年生まれなら
1+9+7+5=22となります。
これを数字が1桁になるまで繰り返します。
この場合、2+2=4で、11-4=7となり
七赤金星タイプとなります。

11から①の数字を引いて、
②を算出します

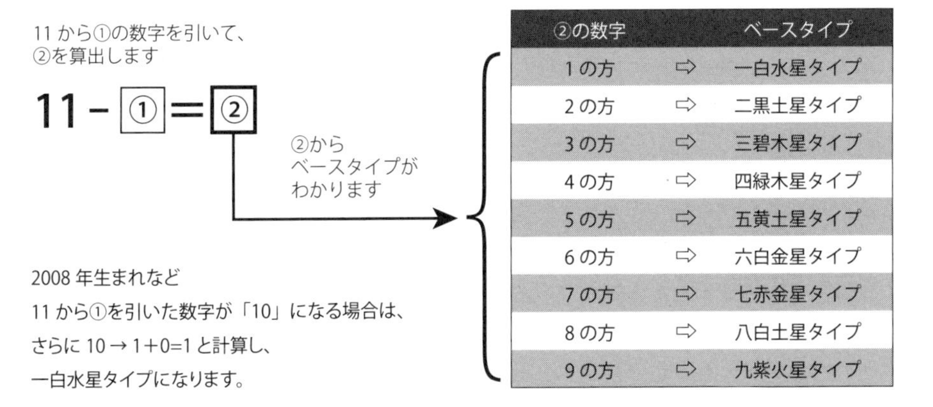

②の数字		ベースタイプ
1の方	⇨	一白水星タイプ
2の方	⇨	二黒土星タイプ
3の方	⇨	三碧木星タイプ
4の方	⇨	四緑木星タイプ
5の方	⇨	五黄土星タイプ
6の方	⇨	六白金星タイプ
7の方	⇨	七赤金星タイプ
8の方	⇨	八白土星タイプ
9の方	⇨	九紫火星タイプ

2008年生まれなど
11から①を引いた数字が「10」になる場合は、
さらに10→1+0=1と計算し、
一白水星タイプになります。

 ベースタイプ別の特徴

①一白水星タイプの特徴

一白水星タイプは、相手に合わせる、優しい、協調性がある、人と人との関係性を大事にする方々です。水の性質のため、水のように柔軟な性格で、物事にこだわらないさっぱりとした性格の人が多く、白色のイメージのように、心が純粋な方が多いのが特徴です。山から小川が流れ激流を下りながら海に注ぐように、若い頃は山あり谷ありの人生ですが30代以降は努力が花開いて生活が安定していきます。

水が温度や周りの環境によって色や形を変えるように、周りの状況に応じて臨機応変に対応することができます。環境に適応することでどんな相手とでも良い関係を築くことができるので、サービス業や接客業、営業の仕事に向いています。また相手に合わせる気配り上手でどんな人ともうまくやっていける性格によって、人脈がどんどん広がり、ビジネスチャンスをどんどんつかむことができます。

表面は柔軟な性格ですが、内面は芯の強さがあります。どんな環境でも水の流れのように柔軟に対応できる一方、氷のように自分で決めたことは譲らない頑固さも持っています。

成長意欲が高いのでルーチンワークは飽きてしまいがち。大変でも新しいことが学べる仕事にやりがいを感じます。現状に満足せず、努力し続けることが成長のカギです。

また気配り上手ですがいろんな人に気を使いすぎて、疲れが溜まりがちです。

温泉やお風呂に塩を入れて入ったり、水分を取ることで気持ちのリフレッシュを心掛けると吉。

心が純粋ゆえに、気分が落ち込みやすく、夜眠れなくなりやすいので自分自身

一白水星タイプの方の有名人 (生年月日)

名前	生年月日	名前	生年月日
吉永小百合	(1945年 3月13日)	堀江貴文	(1972年10月29日)
タモリ	(1945年 8月22日)	木村拓哉	(1972年11月13日)
林真理子	(1954年 4月 1日)	松雪泰子	(1972年11月28日)
高見沢俊彦	(1954年 4月17日)	高岡早紀	(1972年12月 3日)
古舘伊知郎	(1954年12月 7日)	井戸田潤	(1972年12月13日)
片岡鶴太郎	(1954年12月21日)	武田真治	(1972年12月18日)
所ジョージ	(1955年 1月26日)	寺島しのぶ	(1972年12月28日)
木村祐一	(1963年 2月 9日)	松本幸四郎	(1973年 1月 8日)
今井美樹	(1963年 4月14日)	深津絵里	(1973年 1月11日)
宮根誠司	(1963年 4月27日)	要潤	(1981年 2月21日)
工藤公康	(1963年 5月 5日)	柴咲コウ	(1981年 8月 5日)
浜田雅功	(1963年 5月11日)	斎藤工	(1981年 8月22日)
唐沢寿明	(1963年 6月 3日)	EXILE AKIRA	(1981年 8月23日)
松本人志	(1963年 9月 8日)	安達祐実	(1981年 9月14日)
蝶野正洋	(1963年 9月17日)	MEGUMI	(1981年 9月25日)
小錦八十吉	(1963年12月31日)	中村勘九郎	(1981年10月31日)
真矢ミキ	(1964年 1月31日)	尾野真千子	(1981年11月 4日)
熊川哲也	(1972年 3月 5日)	荒川静香	(1981年12月29日)
藤井隆	(1972年 3月10日)	櫻井翔	(1982年 1月25日)
稲森いずみ	(1972年 3月19日)	綾野剛	(1982年 1月26日)
鈴木おさむ	(1972年 4月25日)	加藤諒	(1990年 2月13日)
常盤貴子	(1972年 4月30日)	黒木華	(1990年 3月14日)
高橋尚子	(1972年 5月 6日)	玉森裕太	(1990年 3月17日)
日村勇紀(バナナマン)	(1972年 5月14日)	ローラ	(1990年 3月30日)
ケンドーコバヤシ	(1972年 7月 4日)	三浦春馬	(1990年 4月 5日)
藤木直人	(1972年 7月19日)	大迫勇也	(1990年 5月18日)
貴乃花光司	(1972年 8月12日)	池松壮亮	(1990年 7月 9日)
中居正広	(1972年 8月18日)	藤原史織(旧ブルゾンちえみ)	(1990年 8月 3日)
土田晃之	(1972年 9月 1日)	浅田真央	(1990年 9月25日)
中村獅童	(1972年 9月14日)	水原希子	(1990年10月15日)
宮川大輔	(1972年 9月16日)	ゆりやんレトリィバア	(1990年11月 1日)
渡部建	(1972年 9月23日)	本郷奏多	(1990年11月15日)
マツコ・デラックス	(1972年10月26日)	関口メンディー	(1991年 1月25日)

のストレス解消法やリラックスの仕方を持っておくことをおすすめします。

②二黒土星タイプの特徴

二黒土星タイプは世話好きでいろんなところに顔を出し、いろんな人にいろいろやってあげるのが苦にならない方です。いろんなところに顔を出しているので、人のネットワークも豊富にある人が多いです。若い頃は努力を積み重ね、40代以降人生の後半で花が開くタイプです。

土のように人を育てる力があり人に元気を与え、やる気にさせる力があります。マメにコミュニケーションをして、面倒を手厚く見てくれ、まるで母親が子供の面倒を見るようにハイタッチなつきあいが得意なのが特徴です。争いごとを嫌うので、頼られると断れないところがあり、面倒見の良さからたくさんの人に慕われ、いざというときに皆から頼りにされるタイプです。

また勤勉でまじめな性格で、地道な行動力があり、頑固で自分で決めたことをやり抜く芯の強さがあります。また植物が育つのを待つような我慢強さがあります。

ウソがつけない性格で、臨機応変に動けるわけではなく、融通が利かない不器用なところがあります。頭で計画を練って戦略的に行動するというよりは足で稼ぐタイプで、行動しながら経験値を積んでいくタイプです。決断力が求められみんなをぐいぐい引っ張っていくリーダーの役割はあまり得意ではまりません。二番手としていろんな周りの人の意見を聞いて調整する強みがあります。

二黒土星タイプの方の有名人は以下の方々です。

二黒土星タイプの方の有名人			(生年月日)
高橋英樹	(1944年 2月10日)	平井堅	(1972年 1月17日)
関根勤	(1953年 8月21日)	中川家礼二	(1972年 1月19日)
阿川佐和子	(1953年11月 1日)	佐藤隆太	(1980年 2月27日)
松平健	(1953年11月28日)	大悟(千鳥)	(1980年 3月25日)
小林幸子	(1953年12月 5日)	玉山鉄二	(1980年 4月 7日)
松任谷由実	(1954年 1月19日)	EXILE ATSUSHI	(1980年 4月30日)
木梨憲武	(1962年 3月 9日)	田中麗奈	(1980年 5月22日)
松田聖子	(1962年 3月10日)	又吉直樹	(1980年 6月 2日)
豊川悦司	(1962年 3月18日)	優香	(1980年 6月27日)
高田延彦	(1962年 4月12日)	西野亮廣	(1980年 7月 3日)
藤井フミヤ	(1962年 7月11日)	広末涼子	(1980年 7月18日)
久保田利伸	(1962年 7月24日)	松坂大輔	(1980年 9月13日)
川平慈英	(1962年 9月23日)	大谷亮平	(1980年10月 1日)
茂木健一郎	(1962年10月20日)	岡田准一	(1980年11月18日)
デーモン閣下	(1962年11月10日)	小池栄子	(1980年11月20日)
林家正蔵	(1962年12月 1日)	大野智	(1980年11月26日)
武藤敬司	(1962年12月23日)	壇蜜	(1980年12月 3日)
松重豊	(1963年 1月19日)	高橋一生	(1980年12月 9日)
酒井法子	(1971年 2月14日)	妻夫木聡	(1980年12月13日)
博多大吉	(1971年 3月10日)	星野源	(1981年 1月28日)
ユースケ・サンタマリア	(1971年 3月12日)	岩田剛典(EXILE)	(1989年 3月 6日)
羽鳥慎一	(1971年 3月24日)	香川真司	(1989年 3月17日)
西島秀俊	(1971年 3月29日)	佐藤健	(1989年 3月21日)
カンニング竹山	(1971年 3月30日)	賀来賢人	(1989年 7月 3日)
西川史子	(1971年 4月 5日)	岡田将生	(1989年 8月15日)
大久保佳代子	(1971年 5月12日)	菅野智之	(1989年10月11日)
光浦靖子	(1971年 5月20日)	仲里依紗	(1989年10月18日)
藤原紀香	(1971年 6月28日)	桐谷美玲	(1989年12月16日)
檀れい	(1971年 8月 4日)	錦織圭	(1989年12月29日)
小木博明	(1971年 8月16日)	藤田ニコル	(1998年 2月20日)
矢作兼	(1971年 9月11日)	宮脇咲良(IZ*ONE)	(1998年 3月19日)
矢部浩之	(1971年10月23日)	広瀬すず	(1998年 6月19日)
塚地武雅	(1971年11月25日)	齋藤飛鳥(乃木坂46)	(1998年 8月10日)
山崎まさよし	(1971年12月23日)	橋本環奈	(1999年 2月 3日)

③三碧木星タイプの特徴

三碧木星タイプは明るく、元気で、常に積極的で、前進することが大好きで、その上スピードが早いのが特徴です。まるで少年のように、どんどん新しいことに興味を持ってチャレンジしていきます。若い頃から上昇気流にのって、才能を開花させていきます。

夜が明け、朝日が昇るようにエネルギーが満ちあふれ、明るく元気な性格で誰からも好かれます。いつも自分の気持ちに正直で、子どものようなとてもピュアな心を持った方ですので、夢に向かってまっしぐらに進んでいきます。先を見通す力があり、行動力も抜群です。

あまりウソやお世辞を言わず、周りを気にせず本音を隠さず話してしまいがちです。その割にプライドも高いため、欠点や過ちを指摘されるとカッとなりがちです。とはいえ素直な性格が周りに愛され応援してもらいやすいタイプです。

新商品や新しい技術も大好きでいつも新しいことを追いかけているのが大好きです。真面目な性格ですが、熱しやすく冷めやすい性格のため、すぐ仕事に飽きてしまいがちです。

雷のようにアイデアもどんどん湧いてきて、新しいことにどんどんチャレンジしていくので、1つのことにじっくり取り組むことは得意ではないようです。気分が乗っていれば、のめりこむように働きますが、すぐ新しいことに関心が移ってしまいます。

三碧木星タイプの方の有名人は以下の方々です。

三碧木星タイプの方の有名人			(生年月日)
北大路欣也	(1943年 2月23日)	橋幸夫	(1943年 5月 3日)
加藤茶	(1943年 3月 1日)	池乃めだか	(1943年 7月 3日)

三碧木星タイプの方の有名人（つづき）　（生年月日）

名前	生年月日	名前	生年月日
関口宏	（1943年 7月13日）	斎藤司（トレンディエンジェル）	（1979年 2月15日）
田村正和	（1943年 8月1日）	高島彩	（1979年 2月18日）
村上龍	（1952年 2月19日）	森田剛	（1979年 2月20日）
中島みゆき	（1952年 2月23日）	堂本剛	（1979年 4月10日）
さだまさし	（1952年 4月10日）	上地雄輔	（1979年 4月18日）
松坂慶子	（1952年 7月20日）	綾小路翔	（1979年 4月26日）
草刈正雄	（1952年 9月 5日）	窪塚洋介	（1979年 5月 7日）
徳永英明	（1961年 2月27日）	小林麻耶	（1979年 7月12日）
哀川翔	（1961年 5月24日）	ともさかりえ	（1979年10月12日）
山寺宏一	（1961年 6月17日）	仲間由紀恵	（1979年10月30日）
遠藤憲一	（1961年 6月28日）	ノブ（千鳥）	（1979年12月30日）
三谷幸喜	（1961年 7月 8日）	玉木宏	（1980年 1月14日）
中井貴一	（1961年 9月18日）	水樹奈々	（1980年 1月21日）
石橋貴明	（1961年10月22日）	大島美幸（森三中）	（1980年 1月13日）
石原良純	（1962年 1月15日）	桐谷健太	（1980年 2月 4日）
IKKO	（1962年 1月20日）	佐々木希	（1988年 2月 8日）
布袋寅泰	（1962年 2月 1日）	瀬戸康史	（1988年 5月18日）
中山美穂	（1970年 3月 1日）	新垣結衣	（1988年 6月11日）
桜井和寿	（1970年 3月 8日）	濱田岳	（1988年 6月28日）
原田泰造	（1970年 3月24日）	吉高由里子	（1988年 7月22日）
宮迫博之	（1970年 3月31日）	窪田正孝	（1988年 8月 6日）
博多華丸	（1970年 4月 8日）	戸田恵梨香	（1988年 8月17日）
阿部サダヲ	（1970年 4月23日）	松坂桃李	（1988年10月17日）
上田晋也	（1970年 5月 7日）	菜々緒	（1988年10月28日）
岡村隆史	（1970年 7月 3日）	田中将大	（1988年11月 1日）
宮藤官九郎	（1970年 7月19日）	内村航平	（1989年 1月 3日）
西川貴教	（1970年 9月19日）	多部未華子	（1989年 1月25日）
羽生善治	（1970年 9月27日）	中条あやみ	（1997年 2月 4日）
原田龍二	（1970年10月26日）	松井珠理奈	（1997年 3月18日）
城島茂	（1970年11月17日）	小芝風花	（1997年 4月16日）
林家三平	（1970年12月11日）	杉咲花	（1997年10月 2日）
竹野内豊	（1971年 1月 2日）	大坂なおみ	（1997年10月16日）
有田哲平	（1971年 2月 3日）	宇野昌磨	（1997年12月17日）
春日俊彰（オードリー）	（1979年 2月 9日）		

④四緑木星タイプの特徴

四緑木星タイプは誰とでも接することができ、どこへ行ってもうまくやっていけるタイプです。相手に合わせ協調性があり、まさに人と人との関係性を大事にして風になびく柳のように柔らかな性格です。
人当たりが良いため人間関係にも恵まれます。特に若い頃は年上の人にかわいがってもらいやすいです。30代以降はそれまでに築いた人脈で飛躍することができます。

誰とでもうまくやっていける性格のため、営業やサービス業などたくさんの人と接する職種で力を発揮できます。どんな環境にも素早く適応できるので、職場環境が変わっても行く先々で信頼を得ることができそうです。人あたりの良さと、社交性が評価され、上司や先輩からの引き立てによって出世していきます。

ただし、協調性がある一方で、決断力やスピーディな意思決定は苦手です。根が親切でお人よしで、交際範囲が広いためいろんな人の悩みやお困りごとを引き受けがちです。一人になることが不安になるため、良い人過ぎて、相手に合わせてしまいやすく、優柔不断になりがちです。また決められないので、無意識に二股をかけたりいろんなつきあいを同時並行したりします。その結果、一つのことに対して集中して取り組む力や物事の継続力が弱く中途半端になりがちです。

四緑木星タイプの方の有名人は以下の方々です。

四緑木星タイプの方の有名人			(生年月日)
近藤正臣	(1942年 2月15日)	MISIA	(1978年 7月 7日)
青木功	(1942年 8月31日)	小泉孝太郎	(1978年 7月10日)
三宅裕司	(1951年 5月 3日)	長谷川京子	(1978年 7月22日)
柴田恭兵	(1951年 8月18日)	秋山竜次（ロバート）	(1978年 8月15日)
オール巨人	(1951年11月16日)	澤穂希	(1978年 9月 6日)
笑福亭鶴瓶	(1951年12月23日)	若林正恭（オードリー）	(1978年 9月20日)
坂本龍一	(1952年 1月17日)	浜崎あゆみ	(1978年10月 2日)
三浦友和	(1952年 1月28日)	長瀬智也	(1978年11月 7日)
コロッケ	(1960年 3月13日)	椎名林檎	(1978年11月25日)
浅野ゆう子	(1960年 7月 9日)	ISSA（DA PUMP）	(1978年12月 9日)
船越英一郎	(1960年 7月21日)	堂本光一	(1979年 1月 1日)
黒木瞳	(1960年10月 5日)	山崎静代	(1979年 2月 4日)
真田広之	(1960年10月12日)	市原隼人	(1987年 2月 6日)
佐藤浩市	(1960年12月10日)	登坂広臣（三代目 J SOUL BROTHERS）	(1987年 3月12日)
柳葉敏郎	(1961年 1月 3日)	織田信成	(1987年 3月25日)
上島竜兵	(1961年 1月20日)	長澤まさみ	(1987年 6月 3日)
福山雅治	(1969年 2月 6日)	三浦大知	(1987年 8月24日)
武豊	(1969年 3月15日)	木村文乃	(1987年10月19日)
的場浩司	(1969年 3月28日)	渡辺直美	(1987年10月23日)
森高千里	(1969年 4月11日)	絢香	(1987年12月18日)
加藤浩次	(1969年 4月26日)	安藤美姫	(1987年12月18日)
佐藤二朗	(1969年 5月 7日)	東出昌大	(1988年 2月 1日)
槇原敬之	(1969年 5月18日)	小松菜奈	(1996年 2月16日)
EXILE HIRO	(1969年 6月 1日)	池田エライザ	(1996年 4月16日)
橋下徹	(1969年 6月29日)	高杉真宙	(1996年 7月 4日)
北村一輝	(1969年 7月17日)	横浜流星	(1996年 9月16日)
石田ゆり子	(1969年10月 3日)	佐藤 勝利（Sexy Zone）	(1996年10月30日)
及川光博	(1969年10月24日)	新田真剣佑	(1996年11月16日)
堀内健	(1969年11月28日)		
菊川怜	(1978年 2月28日)		
持田香織	(1978年 3月24日)		
塙宣之（ナイツ）	(1978年 3月27日)		
釈由美子	(1978年 6月12日)		
麻生久美子	(1978年 6月17日)		

⑤五黄土星タイプの特徴

五黄土星タイプは絶対にあきらめない、最後までやり抜ければ成功する性格で、決断は遅いのですが、いったん決めると腰を据えてやる責任感が強い方が多いのでリーダーに向いています。

自己主張が強い性格で、若い頃は周りの人との衝突が多く、苦労し、時に孤独になることがあります。40代を過ぎると今までの苦労が実を結び、豊かさを手に入れることができます。

溶岩のようになんでも飲み込み溶かしていく剛腕さと溶岩が固まった時の頑固さもある性格の方です。この性格が良い方向に進めば、実行力や忍耐力、決断力がそろった素晴らしいリーダーになりますが、悪い方向に働けば、強引で自己中心的と扱いに困る存在になります。

気性が激しいので、自分を中心に物事を考え、意見が違う人には嫌いな感情をむき出しにします。周りから反感を買うことがありますが、ただ面倒見が良く、親分肌で、若い人から慕われ、良い人脈も生まれます。

じっくり考え、納得してはじめて動く方で、すぐに行動するスピードはありません。しかし、一度目標を決めるとそれに向かってがむしゃらに頑張る姿を見て、応援してくれる人も多いはずです。良い時と悪い時が両極端に現れ、波乱万丈の人生になります。

それでもどんな困難が降りかかっても、それを乗り越えていく力があり、力強く生きていくことができます。

五黄土星タイプの方の有名人は以下の方々です。

五黄土星タイプの方の有名人　（生年月日）

名前	生年月日	名前	生年月日
徳光和夫	（1941年　3月　3日）	長谷川博己	（1977年　3月　7日）
萩本欽一	（1941年　5月　7日）	小渕健太郎（コブクロ）	（1977年　3月13日）
石坂浩二	（1941年　6月20日）	山里亮太	（1977年　4月14日）
安藤忠雄	（1941年　9月13日）	伊東美咲	（1977年　5月26日）
三田佳子	（1941年10月　8日）	松たか子	（1977年　6月10日）
三遊亭円楽	（1950年　2月　8日）	菅野美穂	（1977年　8月22日）
志村けん	（1950年　2月20日）	氷川きよし	（1977年　9月　6日）
奥田瑛二	（1950年　3月18日）	滝川クリステル	（1977年10月　1日）
舘ひろし	（1950年　3月31日）	市川海老蔵	（1977年12月　6日）
和田アキ子	（1950年　4月10日）	安藤サクラ	（1986年　2月18日）
坂東玉三郎	（1950年　4月25日）	亀梨和也	（1986年　2月23日）
池上彰	（1950年　8月　9日）	クリスタル・ケイ	（1986年　2月26日）
八代亜紀	（1950年　8月29日）	高橋大輔	（1986年　3月16日）
梅沢富美男	（1950年11月　9日）	沢尻エリカ	（1986年　4月　8日）
中村雅俊	（1951年　2月　1日）	杏	（1986年　4月14日）
榊原郁恵	（1959年　5月　8日）	澤部佑	（1986年　5月19日）
石井竜也	（1959年　9月22日）	上野樹里	（1986年　5月25日）
渡辺謙	（1959年10月21日）	本田圭佑	（1986年　6月13日）
春風亭昇太	（1959年12月　9日）	ダルビッシュ有	（1986年　8月16日）
月亭方正	（1968年　2月15日）	北川景子	（1986年　8月22日）
舞の海秀平	（1968年　2月17日）	今市隆二（三代目 J SOUL BROTHERS）	（1986年　9月　2日）
飯島直子	（1968年　2月29日）	長友佑都	（1986年　9月12日）
大沢たかお	（1968年　3月11日）	西島隆弘	（1986年　9月30日）
小沢健二	（1968年　4月14日）	神田沙也加	（1986年10月　1日）
紀里谷和明	（1968年　4月20日）	柄本佑	（1986年12月16日）
渡部篤郎	（1968年　5月　5日）	石原さとみ	（1986年12月24日）
鈴木京香	（1968年　5月31日）	井上真央	（1987年　1月　9日）
杉本彩	（1968年　7月19日）	川栄李奈	（1995年　2月12日）
高嶋ちさ子	（1968年　8月24日）	松岡茉優	（1995年　2月16日）
内野聖陽	（1968年　9月16日）	志尊淳	（1995年　3月　5日）
つんく♂	（1968年10月29日）	あいみょん	（1995年　3月　6日）
名倉潤	（1968年11月　4日）	りゅうちぇる	（1995年　9月29日）
岡田圭右	（1968年11月17日）	鈴木福	（2004年　6月17日）
吉田栄作	（1969年　1月　3日）	芦田愛菜	（2004年　6月23日）

⑥六白金星タイプの特徴

六白金星タイプは、常に積極的で、責任感があって、頭脳明晰で合理的に物事を判断できる方です。澄み切った青空のように感情に振り回されず決断力があるので、リーダーに向いているのでとても頼りになります。

完璧主義な傾向も強いので、他人を頼らず、一人で努力するタイプです。

他の人を頼らなくても自分ひとりで何でもできてしまうので、若い頃は年上の人とのつきあいで苦労することがありますが、50代以降は実力も人間力も付いてくると運気が上昇します。

興味のあることには一心不乱に取り組みますが、興味のないことには見向きもしないその差が激しいのが特徴です。そのため物事に対してやりすぎるくらいに徹底して行動してしまいます。

また六白金星タイプはプライドが高い方が多く、周りとの協調性よりも独断で自己中心的に行動する一面があります。周りの人に認めさせるためにまず実績を積むことに力を注ぐタイプです。勝ち負けにこだわり、ライバルに負けることを極端に嫌います。誰かから指示されて仕事をすると、ストレスが溜まりやすいです。その上几帳面でウソが大嫌いです。

六白金星タイプの方の有名人は以下の方々です。

六白金星タイプの方の有名人			(生年月日)
王貞治	(1940年　5月20日)	テリー伊藤	(1949年12月27日)
岩下志麻	(1941年　1月　3日)	未唯mie	(1958年　3月　9日)
宮崎駿	(1941年　1月　5日)	秋元康	(1958年　5月　2日)
柳井正	(1949年　2月　7日)	久本雅美	(1958年　7月　9日)
武田鉄矢	(1949年　4月11日)	原辰徳	(1958年　7月22日)
矢沢永吉	(1949年　9月14日)	陣内孝則	(1958年　8月12日)

六白金星タイプの方の有名人（つづき）　（生年月日）

氏名	生年月日
玉置浩二	（1958年 9月13日）
小室哲哉	（1958年11月27日）
宮崎美子	（1958年12月11日）
山口百恵	（1959年 1月17日）
三浦知良	（1967年 2月26日）
辻口博啓	（1967年 3月24日）
坂本冬美	（1967年 3月30日）
坂上忍	（1967年 6月 1日）
三村マサカズ	（1967年 6月 8日）
沢村一樹	（1967年 7月10日）
北斗晶	（1967年 7月13日）
天海祐希	（1967年 8月 8日）
東野幸治	（1967年 8月 8日）
松村邦洋	（1967年 8月11日）
松岡修造	（1967年11月 6日）
伊集院光	（1967年11月 7日）
大竹一樹	（1967年12月 8日）
織田裕二	（1967年12月13日）
江口洋介	（1967年12月31日）
蛍原徹	（1968年 1月 8日）
CHARA	（1968年 1月13日）
葉加瀬太郎	（1968年 1月23日）
佐々木蔵之介	（1968年 2月 4日）
田中卓志（アンガールズ）	（1976年 2月 8日）
JUJU	（1976年 2月14日）
オダギリジョー	（1976年 2月16日）
真栄田賢（スリムクラブ）	（1976年 3月 1日）
乙武洋匡	（1976年 4月 6日）
木村佳乃	（1976年 4月10日）
森山直太朗	（1976年 4月23日）
井ノ原快彦	（1976年 5月17日）
井川遥	（1976年 6月29日）
はなわ	（1976年 7月20日）
一青窈	（1976年 9月20日）
山本耕史	（1976年10月31日）
滝藤賢一	（1976年11月 2日）
観月ありさ	（1976年12月 5日）
瀬戸朝香	（1976年12月12日）
小雪	（1976年12月18日）
松岡昌宏	（1977年 1月11日）
北川悠仁（ゆず）	（1977年 1月14日）
香取慎吾	（1977年 1月31日）
劇団ひとり	（1977年 2月 2日）
松下奈緒	（1985年 2月 8日）
松山ケンイチ	（1985年 3月 5日）
白鵬翔	（1985年 3月11日）
綾瀬はるか	（1985年 3月24日）
山下智久	（1985年 4月 9日）
中川翔子	（1985年 5月 5日）
蒼井優	（1985年 8月17日）
松田翔太	（1985年 9月10日）
上戸彩	（1985年 9月14日）
宮崎あおい	（1985年11月30日）
満島ひかり	（1985年11月30日）
城田優	（1985年12月26日）
小池徹平	（1986年 1月 5日）
イモトアヤコ	（1986年 1月12日）
山崎育三郎	（1986年 1月18日）
柳原可奈子	（1986年 2月 3日）
西野七瀬	（1994年 5月25日）
大谷翔平	（1994年 7月 5日）
百田夏菜子（ももいろクローバーZ）	（1994年 7月12日）
山﨑賢人	（1994年 9月 7日）
二階堂ふみ	（1994年 9月21日）
清野菜名	（1994年10月14日）
羽生結弦	（1994年12月 7日）
広瀬アリス	（1994年12月11日）
土屋太鳳	（1995年 2月 3日）

⑦七赤金星タイプの特徴

明るく、社交的でお茶目な性格から周りの人から可愛がられるタイプの人で、楽しいことが好きで、会食、飲み会、宴会が大好きな人が多いです。若い頃は入ってきたお金はすぐ使ってしまい、生活は不安定ですが、60代以降は運気が安定して、楽しい生活が送れるようになります。

持ち前の頭の回転と器用さで、そつなく物事をこなしてしまう才能はありますが、めんどくさいことは苦手で楽したい性分もあり、粘り強く何かをコツコツ継続してやり続けることは苦手です。

興味のあることには一生懸命ですが、飽きてしまうと、途端にいい加減になってしまいます。表向き人づきあいは良さそうですが、内面的には寂しがり屋で、周りからチヤホヤされないと満足できないタイプです。相手にされなくなるととたんにつきあいが冷め、神経質で傷付きやすくイライラしやすくなるなど自分勝手な面があります。コロコロ気分が変わりやすいのが弱点です。

もともとは能力が高いので、粘り強さと謙虚さを身に着ければ怖いものなしで活躍ができます。その場の空気が読めるので、人あたりが良く、面倒見も良いので、周りの人やファンから慕われ、40代以降は人脈に恵まれます。

七赤金星タイプの方の有名人は以下の方々です。

七赤金星タイプの方の有名人

（生年月日）

名前	生年月日
加藤一二三	（1940年　1月　1日）
五木ひろし	（1948年　3月14日）
泉谷しげる	（1948年　5月11日）
ラモス瑠偉	（1957年　2月　9日）
大竹しのぶ	（1957年　7月17日）
孫正義	（1957年　8月11日）
宮本亞門	（1958年　1月　4日）
石川さゆり	（1958年　1月30日）
時任三郎	（1958年　2月　4日）
小泉今日子	（1966年　2月　4日）
薬丸裕英	（1966年　2月19日）
今田耕司	（1966年　3月13日）
野村萬斎	（1966年　4月　5日）
松本明子	（1966年　4月　8日）
宮本浩次（エレファントカシマシ）	（1966年　6月12日）
斉藤和義	（1966年　6月22日）
パパイヤ鈴木	（1966年　6月29日）
東山紀之	（1966年　9月30日）
吉井和哉	（1966年10月　8日）
高嶋政伸	（1966年10月27日）
安田成美	（1966年11月28日）
トータス松本	（1966年12月28日）
山田花子	（1975年　3月10日）
徳井義実	（1975年　4月16日）
本上まなみ	（1975年　5月　1日）
米倉涼子	（1975年　8月　1日）
伊藤英明	（1975年　8月　3日）
さかなクン	（1975年　8月　6日）
原口あきまさ	（1975年11月　3日）
内田有紀	（1975年11月16日）
aiko	（1975年11月22日）
市川猿之助	（1975年11月26日）
バカリズム	（1975年11月28日）
レイザーラモンHG	（1975年12月18日）
中谷美紀	（1976年　1月12日）
山崎弘也（アンタッチャブル）	（1976年　1月14日）
ムロツヨシ	（1976年　1月23日）
吉岡聖恵（いきものがかり）	（1984年　2月29日）
ベッキー	（1984年　3月　6日）
平原綾香	（1984年　5月　9日）
美村里江	（1984年　6月15日）
鬼龍院翔（ゴールデンボンバー）	（1984年　6月20日）
田中圭	（1984年　7月10日）
夏目三久	（1984年　8月　6日）
速水もこみち	（1984年　8月10日）
森山未來	（1984年　8月20日）
生田斗真	（1984年10月　7日）
木村カエラ	（1984年10月24日）
錦戸亮	（1984年11月　3日）
EXILE TAKAHIRO	（1984年12月　8日）
有村架純	（1993年　2月13日）
はじめしゃちょー	（1993年　2月14日）
菅田将暉	（1993年　2月21日）
石川佳純	（1993年　2月23日）
竹内涼真	（1993年　4月26日）
山田涼介	（1993年　5月　9日）
神木隆之介	（1993年　5月19日）
福士蒼汰	（1993年　5月30日）
のん	（1993年　7月13日）
白濱亜嵐	（1993年　8月　4日）
成田凌	（1993年11月22日）
小島瑠璃子	（1993年12月23日）
武井咲	（1993年12月25日）
吉沢亮	（1994年　2月　1日）

⑧八白土星タイプの特徴

八白土星タイプは表面的には社交的で物腰やわらか、精神的な安定感と行動力に優れていて、意思の強さがあります。家業を継いだり財産を相続したりする人が多いのも特徴です。

内面的には自分の主義主張は変えない頑固なところがあり、意思が強すぎて柔軟性がなくなってしまうと頑固で融通の利かない人になります。山のようにどっしりと構えて、動きは遅く、慎重に物事を判断しますが、いったん決めた決断はなかなか変えず、コツコツ積み上げていく力があります。地道な努力が必要な仕事を丁寧に行っていく力があります。

慎重な性格なので、人をじっくり見極めてつきあうかどうか判断する傾向の方です。落ち着いているので、年上の人からの信頼が厚く、良きスポンサーにも恵まれます。応援者の信頼を得て、着実にステップアップしていきそうです。行動的ではありませんが、根が正直で、人情が厚く、面倒見が良いので、後輩から慕われます。

ただ本音は好き嫌いがはっきりしていて、人一倍プライドも高いため、孤立しがちになります。人間関係が深くなっていくまでに時間がかかる不器用なタイプなので、気の合う仲間とチームプレイで働けば、より仕事がしやすく、成果が出やすくなります。

八白土星タイプの方の有名人は以下の方々です。

八白土星タイプの方の有名人

（生年月日）

名前	生年月日
泉ピン子	（1947年　9月11日）
小田和正	（1947年　9月20日）
蛭子能収	（1947年10月21日）
西田敏行	（1947年11月　4日）
大地真央	（1956年　2月　5日）
桑田佳祐	（1956年　2月26日）
竹中直人	（1956年　3月20日）
長渕剛	（1956年　9月　7日）
南原清隆	（1965年　2月13日）
ヒロミ	（1965年　2月13日）
中井美穂	（1965年　3月11日）
三木谷浩史	（1965年　3月11日）
吉田美和（DREAMS COME TRUE）	（1965年　5月　6日）
奥田民生	（1965年　5月12日）
太田光（爆笑問題）	（1965年　5月13日）
沢口靖子	（1965年　6月11日）
松本伊代	（1965年　6月21日）
石丸幹二	（1965年　8月15日）
吉川晃司	（1965年　8月18日）
中村芝翫	（1965年　8月31日）
林修	（1965年　9月　2日）
Toshl（X JAPAN）	（1965年10月10日）
高嶋政宏	（1965年10月29日）
YOSHIKI（X JAPAN）	（1965年11月20日）
古田新太	（1965年12月　3日）
香川照之	（1965年12月　7日）
本木雅弘	（1965年12月21日）
長嶋一茂	（1966年　1月26日）
陣内智則	（1974年　2月22日）
千原ジュニア	（1974年　3月30日）
富澤たけし（サンドウィッチマン）	（1974年　4月30日）
有吉弘行	（1974年　5月31日）
松井秀喜	（1974年　6月12日）
後藤輝基（フットボールアワー）	（1974年　6月18日）
草彅剛	（1974年　7月　9日）
華原朋美	（1974年　8月17日）
伊達みきお（サンドウィッチマン）	（1974年　9月　5日）
井浦新	（1974年　9月15日）
ビビる大木	（1974年　9月29日）
中島美嘉	（1983年　2月19日）
近藤春菜	（1983年　2月23日）
藤森慎吾	（1983年　3月17日）
鈴木亮平	（1983年　3月29日）
松田龍平	（1983年　5月　9日）
中村七之助	（1983年　5月18日）
横山だいすけ	（1983年　5月29日）
二宮和也	（1983年　6月17日）
風間俊介	（1983年　6月17日）
水川あさみ	（1983年　7月24日）
松本潤	（1983年　8月30日）
山田孝之	（1983年10月20日）
小倉優子	（1983年11月　1日）
長谷部誠	（1984年　1月18日）
柴崎岳	（1992年　5月28日）
本田翼	（1992年　6月27日）
白石麻衣	（1992年　8月20日）
染谷将太	（1992年　9月　3日）
指原莉乃	（1992年11月21日）
吉岡里帆	（1993年　1月15日）
きゃりーぱみゅぱみゅ	（1993年　1月29日）

⑨九紫火星タイプの特徴

九紫火星タイプは頭脳明晰で華やかな人が多く、美的センスと感性に優れているので芸術家気質の強い方が多いのが特徴です。自己顕示欲や人に気に入られたいという気持ちが強く、芸能人が多いのも特徴です。

好奇心旺盛で最新トレンドを追いかけるのが得意ですが、その反面短気で飽きやすく、熱しやすく冷めやすいタイプであれこれ手を出してはすぐやめる傾向もあります。また華やかな反面、プライドが高く、陰気になると極端にふさぎ込むアップダウンの激しい方です。まるで太陽のように、真昼はギラギラ照り輝くときもあれば夕日のように落ちていきセンチメンタルになる。そんな変化が激しいのが九紫火星タイプです。

頭の回転が速く将来を見通す洞察力もあり、器用なタイプでなんでもそつなくこなせますが、いろいろな仕事に目移りして、仕事をコロコロ変える人が多いのが特徴です。プライドが高く、見栄を張るところがあるのでまずは分相応の仕事を行いながら着実にステップアップを目指しましょう。

九紫火星タイプの方の有名人は以下の方々です。

九紫火星タイプの方の有名人			(生年月日)
堺正章	(1946年 8月 6日)	浅野忠信	(1973年11月27日)
西川きよし	(1946年 7月 2日)	田村淳	(1973年12月 4日)
ビートたけし	(1947年 1月18日)	稲垣吾郎	(1973年12月 8日)
高田純次	(1947年 1月21日)	反町隆史	(1973年12月19日)
上沼恵美子	(1955年 4月13日)	吉田羊	(1974年 2月 3日)
明石家さんま	(1955年 7月 1日)	向井理	(1982年 2月 7日)
郷ひろみ	(1955年10月18日)	滝沢秀明	(1982年 3月29日)
役所広司	(1956年 1月 1日)	藤原竜也	(1982年 5月15日)
出川哲朗	(1964年 2月13日)	中田敦彦	(1982年 9月27日)
薬師丸ひろ子	(1964年 6月 9日)	吉田沙保里	(1982年10月 5日)
阿部寛	(1964年 6月22日)	真木よう子	(1982年10月15日)
堤真一	(1964年 7月 7日)	森泉	(1982年10月18日)
椎名桔平	(1964年 7月14日)	倉木麻衣	(1982年10月28日)
内村光良	(1964年 7月22日)	深田恭子	(1982年11月 2日)
稲葉浩志（B’z）	(1964年 9月23日)	永山瑛太	(1982年12月13日)
岸谷五朗	(1964年 9月27日)	相葉雅紀	(1982年12月24日)
林家たい平	(1964年12月 6日)	小栗旬	(1982年12月26日)
高橋克典	(1964年12月15日)	宇多田ヒカル	(1983年 1月19日)
恵俊彰	(1964年12月21日)	米津玄師	(1991年 3月10日)
江原啓之	(1964年12月22日)	北乃きい	(1991年 3月15日)
田中裕二（爆笑問題）	(1965年 1月10日)	高橋みなみ	(1991年 4月 8日)
大泉洋	(1973年 4月 3日)	波瑠	(1991年 6月17日)
宮沢りえ	(1973年 4月 6日)	菊池雄星	(1991年 6月17日)
設楽統（バナナマン）	(1973年 4月23日)	前田敦子	(1991年 7月10日)
藤田晋	(1973年 5月16日)	柏木由紀	(1991年 7月15日)
GACKT	(1973年 7月 4日)	夏帆	(1991年 6月30日)
友近	(1973年 8月 2日)	坂口健太郎	(1991年 7月11日)
篠原涼子	(1973年 8月13日)	山本美月	(1991年 7月18日)
小藪千豊	(1973年 9月11日)	工藤阿須加	(1991年 8月 1日)
小沢一敬	(1973年10月20日)	石川遼	(1991年 9月17日)
松嶋菜々子	(1973年10月13日)	早乙女太一	(1991年 9月24日)
堺雅人	(1973年10月14日)	河北麻友子	(1991年11月28日)
イチロー	(1973年10月22日)	高畑充希	(1991年12月14日)
前園真聖	(1973年10月29日)	トリンドル玲奈	(1992年 1月23日)

第４章
ファン気学で
キャラブランディングをしよう！

1　ファンから求められたキャラは「お母さん」だった

私が出会った当時、増田はまだファン作りやファンクラブ作りのコンサルティングの仕事はしていませんでした。

たまたまコーチングのセミナーなどで一緒になったとき、増田のそれまでやってきたファン作りの経験、ファンクラブ運営のノウハウを聞いてその内容のすばらしさに驚きました。

しかし、ファン作りの方法についてたくさんの方からの教えてほしいというオファーを「娘以外にはできないから」という理由で断っていたのです。

「これは絶対、たくさんの人の役に立つ！」という確信のもと増田と10年一緒に仕事をしています。

長年ファンクラブ運営に携わってきた増田がお客様や周りから求められた役割は「お母さん」の役割でした。最初にファンクラブのコンサルティングをしたのは講演家のそうしろうさんのコミュニティでしたが、そのスタッフや参加者から増田は「ママ」と呼ばれていました。

20代のスタッフたちがお腹を空かせているのを聞きつけ、オフィスに行って餃子を作って食べさせたり、手厚いケアを行う姿に、そうしろうさんのコミュニティのメンバーからママと愛され慕われていました。

その後店舗のコンサルティングや企業のコンサルティング、講師のファンクラブやコミュニティの事務局などを行い、仕事の幅が広がりました。増田が行っている仕事の基本的なスタイルは、世話好きでまめに面倒を見て、人をやる気にさせ、頼られてもなんとかしてしまう肝っ玉母さんのような関わり方で、お客様や周りの人も後ろで見守る母のような役割を期待していました。

会社が軌道に乗ってきたある日、ふと気づきました。
「うちの会社が軌道に乗ったのは増田のお母さんキャラのおかげか？」
増田は一流大学を出たりMBAを取ったわけでもなく、大手コンサルティングファームを出たわけでもありません。宝塚歌劇団に行った娘のファンクラブを運営した経験だけで起業しました。12年ここまで会社が成功してきたのは、愚直にお客様の世話をマメに焼き、愚直に行動するお母さんキャラを実践してきたそのビジネススタイルによるところだったのです。

九星気学には「同会」という、周りから求められる環境によって人は成長できるという考え方があります。
増田が本来生まれ持っているベースタイプは六白金星タイプであり、男勝りな性格です。しかし、娘のファンクラブ運営を行っていく上でつかんだ増田なりの成功の秘訣が、周りから期待される役割であるお母さんのように愚直に世話を焼き、愚直に行動することだったのです。

「周りから期待される役割、キャラを努力していけば、より成長でき成功できる」
間近で増田の実例を見ながら、周りから期待される役割、キャラをどうすれば意識できるか、磨いていけるか、どうすればキャラを育てながら開運できるかを研究、実践してきたのがファン気学なのです。

2　アフターコロナ時代のキャラ研究　松本人志編

アフターコロナ時代ではオンライン上でのコミュニケーションが当たり前になり、リアルの世界以上に自分の個性を強調してキャラを作っていかないと埋もれてしまいます。

また実際の対面でのコミュニケーションにおいても、ソーシャルディスタンスが求められると人と人との距離感を超えるだけのメッセージを発信していかないと相手に伝わりづらくなっています。

芸能人の少し濃い目のキャラ設定も、これからどのように情報発信を行っていくべきか、どう自分に合ったキャラを育てていくことができるか、学ぶところが多くあります。

芸能界で今最も発言がニュースに乗りやすいタレントの一人にダウンタウン松本人志が挙げられます。2020年の4月にツイッターフォロワー数が日本一となり、名実ともに日本のトップ芸能人となりました。

松本人志は1963年9月8日生まれの一白水星タイプ。

コンビの浜田雅功は小学校、中学校の同級生なので同じ一白水星タイプです。

浜田はツッコミ、松本はボケを担当しているのでキャラは全然違います。

最近の松本人志の動きは吉本興業のトップ芸人そのものです。

・コロナで仕事がない芸人に1人最大100万円無利子で貸そうとする
・吉本興業の闇営業問題では、後輩芸人にお金を渡したり、岡本社長が記者会見するよう大崎会長、岡本社長に直談判する
・2018年M-1グランプリで後輩芸人が審査員の上沼恵美子に対して暴言を吐いたことに対して代わりに謝罪し、尻ぬぐいを行う

など吉本芸人の頂点に居ながらしてその立ち位置は吉本の帝王というよりは面倒見のいいアニキそのものです。

　また最近のバラエティ番組での立ち位置も独特です。
「人志松本のすべらない話」「IPPONグランプリ」「ドキュメンタル」など、最近の松本単独での活動は番組の笑いのマスターとして、若手芸人たちの笑いをジャッジし、場を取りまとめる立ち位置です。明石家さんまや浜田雅功のようなスタンドプレーの司会ではなく、場を包むような笑いを届けています。

　松本人志をファン気学で見ると二黒土星キャラ。周りの若手芸人からはアニキ（女性なら母キャラ）として慕われていて、何かあった時に頼られる存在です。
　また松本もそれに応えようとしている印象を受けます。

　二黒土星キャラの人は本来自ら率先して表に出るタイプではありません。
　1990年代、相方の浜田を歌手や俳優として売り出した後、自らは若手芸人を発掘、売り出すプロデューサー的な立ち位置で現在テレビ番組の中心にいます。最近筋トレにはまっているようで、どんどん体形がマッチョになっているのも二黒土星キャラ的だと実感しています。

　二黒土星キャラを研究する上でとても興味深い芸能人です。

3　アフターコロナ時代のキャラ研究　浜田雅功編

　ダウンタウンで松本人志とコンビを組んでいる相方の浜田雅功のキャラはどうでしょうか。

　浜田雅功は1963年5月11日生まれの一白水星タイプ。
　基本的な性格は松本人志と一緒です。
　浜田はツッコミ、松本はボケを担当しているのでキャラは全然違います。
　浜田雅功のツッコミは漫才でコンビを組んでいる時から強烈です。
　そのツッコミ力は浜田が司会の番組でも容赦ないものです。

「ダウンタウンDX」「プレバト」「芸能人格付けチェック」ではゲストの大御所タレントにでも平気でツッコんだりどついたり。「ジャンクSPORTS」では一流アスリートに対しても容赦しません。

梅宮辰夫、堺正章、伊東四朗、志村けん、梅沢富美男など大御所に対しても恐れることなくツッコむ浜田。

ツッコまれるほうも「美味しい」と思わせるだけのバラエティ番組での大御所の立たせ方を司会の浜田はつかんで、絶妙の間合いでツッコんでいます。

番組でのツッコミ役、イジリ役をあえて買って出て、大御所と対等に渡り合えるだけの間合いと演出をしているようにも見えます。

浜田雅功はファン気学で見ると六白金星キャラです。

リーダーシップを発揮して大物にもひるまず戦いを挑んでいく強さを周りから求められています。

90年代に『ダウンタウンのガキの使いやあらへんで!』『ダウンタウンのごっつええ感じ』で人気が出ました。

その上、小室哲哉とH Jungle with tを結成し、歌手として『WOW WAR TONIGHT ～時には起こせよムーヴメント』ではCD200万枚を超える大ヒットで紅白歌合戦にも出場。さらに、俳優としてはドラマで木村拓哉とダブル主演をしたりと活躍の無双ぶりがすごいです。

ダウンタウンではネタは松本が作っていたので浜田はバンドのフロントマンのような役割で、90年代に松本より先にスターダムにのし上がっていきました。

浜田雅功の無双ぶりは六白金星キャラを研究する上でとても興味深いです。

 ファンが勝手に寄ってくるキャラを活かすメリット

自分のベースタイプの特徴を全面に出してもファンが望んでいるとは限りません。自分のやりたいことと他人がしてほしいこととは異なります。ファンが期待するキャラとベースタイプの気質にはギャップがあるからです。

ファンを増やすブランディングを行い、キャラを作るには、日ごろ周りからどんな見られ方をしているか考え、周りの人からどんなイメージを持たれているかリサーチしていくことで、自分自身では気づいていない自分の特長やキャラを明らかにしていきます。

自分の思い込みと周りのイメージのギャップに気づいていないと、独りよがりのキャラ設定になり、かえって逆効果になります。しかし、ファンや周りの人へのリサーチをしながらファンの期待するキャラを作り上げていくのには時間がかかります。

ファン気学では生まれた年・月を元にブランディングしていくことでキャラの方向性が簡単にわかります。ファン気学におけるキャラとは、自分の周りに来る人間関係の傾向であり、自分を取り巻く環境の傾向です。周りの人があなたに求めてくる期待や役割ですので、その役割を自覚して、そのキャラを役割として認識していくと、それがあなたのウリになってきます。この傾向は一生変わらないので、早く自分のキャラを理解してその役割を果たしていくと仕事での成功が早くつかめます。

キャラは往々にして自分の好きではないことが多いのですが、PR や営業をしなくても周りからやってきますし求められます。周りから期待されるキャラの役割を果たしていくことで、仕事のスキルや自信がついていきます。

キャラがわかると仕事をしていく上で多くのメリットがあります。

まずファンが増えます。あなたに望むことや期待がわかるようになるので、それを実践していくとファンが満足してどんどんファンが増えていきます。

次に仕事が増えます。周りの人から期待されている役割を果たしていくと、そ

の仕事が増え、スキルが身につき、どんどん仕事としてお金がいただけるようになりビジネスとして発展していくようになります。

また良いご縁やチャンスも増えます。良いご縁やチャンスは人が連れてきます。ファンや周りの人の求められる役割やキャラを発揮していくと、どんどんチャンスに恵まれてきます。

キャラはあなたが望んでいなくてもファンや周りからの期待される役割なので、そのキャラを受け入れ使いこなせるようになれば、自然にファンも増え、仕事もどんどん増え、チャンスに恵まれていきます。

5　ベースタイプ別あなたのファンが増えるキャラ

ファン気学ではファンが増えるキャラはベースタイプごと、生まれた月ごと決まっています。

ベースタイプ別ファンが増えるキャラ

ベースタイプ／誕生日	一白水星	二黒土星	三碧木星	四緑木星
2/4 ～ 3/5	三碧木星キャラ	七赤金星キャラ	一白水星キャラ	九紫火星キャラ
3/6 ～ 4/4	四緑木星キャラ	三碧木星キャラ	二黒土星キャラ	一白水星キャラ
4/5 ～ 5/5	五黄土星キャラ	四緑木星キャラ	二黒土星キャラ	二黒土星キャラ
5/6 ～ 6/5	六白金星キャラ	五黄土星キャラ	四緑木星キャラ	三碧木星キャラ
6/6 ～ 7/6	七赤金星キャラ	六白金星キャラ	五黄土星キャラ	五黄土星キャラ
7/7 ～ 8/7	八白土星キャラ	七赤金星キャラ	六白金星キャラ	五黄土星キャラ
8/8 ～ 9/7	九紫火星キャラ	八白土星キャラ	七赤金星キャラ	六白金星キャラ
9/8 ～ 10/8	二黒土星キャラ	九紫火星キャラ	八白土星キャラ	七赤金星キャラ
10/9 ～ 11/7	二黒土星キャラ	一白水星キャラ	九紫火星キャラ	八白土星キャラ
11/8 ～ 12/6	三碧木星キャラ	七赤金星キャラ	一白水星キャラ	九紫火星キャラ
12/7 ～ 1/5	四緑木星キャラ	三碧木星キャラ	二黒土星キャラ	一白水星キャラ
1/6 ～ 2/3	五黄土星キャラ	四緑木星キャラ	二黒土星キャラ	二黒土星キャラ

うるう年は区切りが前後する場合がありますので、うるう年生まれで区切り前後の日に生まれた方は万年暦で確認する必要があります。

一白水星キャラ、二黒土星キャラ、三碧木星キャラ、四緑木星キャラ、五黄土星キャラ、六白金星キャラ、七赤金星キャラ、八白土星キャラ、九紫火星キャラそれぞれ数種類のキャラの傾向が分かれています。（例えば一白水星キャラに「ピュアキャラ」、「ギャップキャラ」など）

これは九星気学の性質を基に芸能人のキャラのパターンをグループ化したものです。他の占いと違い、生年月日がわかれば問答無用に「あなたは何キャラです」というようなものではありません。いくつかロールモデルを用意いたしましたので、自分で「自分は〇〇キャラ」だとなり切っていくことで、自分に合ったファンを増やしていくことができます。

五黄土星	六白金星	七赤金星	八白土星	九紫火星
八白土星キャラ	七赤金星キャラ	六白金星キャラ	五黄土星キャラ	四緑木星キャラ
九紫火星キャラ	八白土星キャラ	六白金星キャラ	六白金星キャラ	五黄土星キャラ
一白水星キャラ	九紫火星キャラ	八白土星キャラ	七赤金星キャラ	六白金星キャラ
二黒土星キャラ	一白水星キャラ	九紫火星キャラ	九紫火星キャラ	七赤金星キャラ
三碧木星キャラ	二黒土星キャラ	一白水星キャラ	九紫火星キャラ	八白土星キャラ
四緑木星キャラ	三碧木星キャラ	二黒土星キャラ	一白水星キャラ	八白土星キャラ
男性　三碧木星キャラ 女性　四緑木星キャラ	四緑木星キャラ	三碧木星キャラ	二黒土星キャラ	一白水星キャラ
六白金星キャラ	五黄土星キャラ	四緑木星キャラ	三碧木星キャラ	二黒土星キャラ
七赤金星キャラ	一白水星キャラ	五黄土星キャラ	四緑木星キャラ	三碧木星キャラ
八白土星キャラ	七赤金星キャラ	六白金星キャラ	五黄土星キャラ	四緑木星キャラ
九紫火星キャラ	八白土星キャラ	六白金星キャラ	六白金星キャラ	五黄土星キャラ
一白水星キャラ	九紫火星キャラ	八白金星キャラ	七赤金星キャラ	六白金星キャラ

キャラ別・期待される役割

①一白水星キャラに期待される役割

一白水星キャラの特徴として、周りからは一白水星タイプの特徴としても持つ、相手に合わせる、優しい、協調性があり、水のように透明感があり純粋な印象を持たれやすい王子様やお姫様のような「ピュアキャラ」の人が多いのが特徴です。堂本光一や井ノ原快彦などジャニーズアイドルや、佐々木希や中条あやみなどの清楚なイメージの女優などで人気がある芸能人がいます。

また、いくたの逆境を這い上がってきた陰のある苦労人のような人も多いです。表面的な人あたりの良さの裏側にある内面の芯の強さやこだわり、落ち着いた雰囲気が醸し出す渋さとのギャップが人を惹きつけます。この「ギャップキャラ」に人ははまってしまいます、特にロマンスグレーの髪が似合う一白水星キャラの中年男性に枯れ専女子が萌えそうです。

佐藤浩市など少し陰のある渋い演技をする俳優や、中島みゆきのように歌手としては失恋ソングの女王と呼ばれるくらいディープな歌を歌い、ラジオパーソナリティとしては歌手とは打って変わってハッチャけたイメージでリスナーを楽しませるギャップのある人柄は、一白水星キャラが立っている良い例です。

一白水星キャラがファンや周りの人に期待される役割は「相談相手」です。周りの人からは悩んでいることや秘密を話しても守ってくれる安心感があると思われています。特に家族や夫婦の問題などの人生相談をしやすく、また相談の話が来やすいです。温泉や水辺が疲れを取り、心を癒すように周りの人があなたに対してヒーラーのような役割を期待しています。

また人づきあいが良く、人脈があると思われていますので、保険の営業やネットワークビジネスなど人脈が役に立つ仕事も向いています。

ピュアキャラの代表的な有名人			(生年月日)
加藤茶	(1943年　3月　1日)	斎藤司（トレンディエンジェル）	(1979年　2月15日)
坂東玉三郎	(1950年　4月25日)	高島彩	(1979年　2月18日)
笑福亭鶴瓶	(1951年12月23日)	美村里江	(1984年　6月15日)
阿川佐和子	(1953年11月　1日)	鬼龍院翔（ゴールデンボンバー）	(1984年　6月20日)
茂木健一郎	(1962年10月20日)	杏	(1986年　4月14日)
小沢健二	(1968年　4月14日)	織田信成	(1987年　3月25日)
中山美穂	(1970年　3月　1日)	絢香	(1987年12月18日)
井ノ原快彦	(1976年　5月17日)	佐々木希	(1988年　2月　8日)
山本耕史	(1976年10月31日)	西野七瀬	(1994年　5月25日)
持田香織	(1978年　3月24日)	清野菜名	(1994年10月14日)
堂本光一	(1979年　1月　1日)	中条あやみ	(1997年　2月　4日)

ギャップキャラの代表的な有名人			(生年月日)
北大路欣也	(1943年　2月23日)	城島茂	(1970年11月17日)
和田アキ子	(1950年　4月10日)	篠原涼子	(1973年　8月13日)
中村雅俊	(1951年　2月　1日)	草彅剛	(1974年　7月　9日)
村上龍	(1952年　2月19日)	伊勢谷友介	(1976年　5月29日)
中島みゆき	(1952年　2月23日)	滝藤賢一	(1976年11月　2日)
佐藤浩市	(1960年12月10日)	山里亮太	(1977年　4月14日)
柳葉敏郎	(1961年　1月　3日)	塙宣之（ナイツ）	(1978年　3月27日)
徳永英明	(1961年　2月27日)	ISSA（DA PUMP）	(1978年12月　9日)
宮本浩次（エレファントカシマシ）	(1966年　6月12日)	春日俊彰（オードリー）	(1979年　2月　9日)
斉藤和義	(1966年　6月22日)	森田剛	(1979年　2月20日)
坂上忍	(1967年　6月　1日)	沢尻エリカ	(1986年　4月　8日)
松岡修造	(1967年11月　6日)	井上真央	(1987年　1月　9日)
紀里谷和明	(1968年　4月20日)	登坂広臣（三代目 J SOUL BROTHERS）	(1987年　3月12日)
渡部篤郎	(1968年　5月　5日)	仲里依紗	(1989年10月18日)
的場浩司	(1969年　3月28日)		

②二黒土星キャラに期待される役割

二黒土星キャラの特徴として、周りからは二黒土星タイプの特徴としても持つ、世話好きで人を育てる力があり人に元気を与え、やる気にさせる力があると思われています。面倒見が良く、頼られやすい、まるでお母さんのような「プロデューサーキャラ」の人が多いのが特徴です。あまり表に出ず、一歩引いて場を全体見ながら後ろから支え、まるでサッカーのキーパーのように後ろにいて暖かく見守っていてくれているイメージを持たれています。松本人志はプロデューサーキャラの典型ですし、吉本新喜劇座長の小籔千豊も「俺についてこい！」という六白金星キャラのリーダーというよりは周りの芸人を立てるプロデューサー型のリーダーです。

またまじめで、地道な行動力があり、頭で考えるより足で稼ぐ「マッチョキャラ」の人も多いです。不器用で融通が利きにくそうだけど、持ち前のバイタリティでなんとかしてしまう力強さがあるイメージを持たれがちです。プロレスラーの蝶野正洋や加藤浩次など爆発的な行動力でなんとかしてしまいそうなイメージを持たれています。

二黒土星キャラがファンや周りの人に期待される役割は「お母さん」です。世話を焼いてみんなの面倒をいろいろ見てほしいと思われやすいです。あえて表に出ず、裏方に徹して、マメに周りの人のケアしていくことに向いています。いろんなところに顔を出しているので、人のネットワークがありイベントの集客や事務局としてのコーディネートを頼まれることも多いはずです。また子育て、勉強を教える、人材育成など人を育てる才能があると周りから期待されているので人材育成の相談が来やすいです。コーチやアドバイザーとして人をほめて、元気づけてほしいと周りの人から思われています。

プロデューサーキャラの代表的な有名人 （生年月日）

萩本欽一	(1941年 5月 7日)	森高千里	(1969年 4月11日)
三宅裕司	(1951年 5月 3日)	桜井和寿	(1970年 3月 8日)
坂本龍一	(1952年 1月17日)	マツコ・デラックス	(1972年10月26日)
三浦友和	(1952年 1月28日)	堀江貴文	(1972年10月29日)
さだまさし	(1952年 4月10日)	小籔千豊	(1973年 9月11日)
大竹しのぶ	(1957年 7月17日)	井川遥	(1976年 6月29日)
松本人志	(1963年 9月 8日)	堂本剛	(1979年 4月10日)
林修	(1965年 9月 2日)	中田敦彦	(1982年 9月27日)
鈴木京香	(1968年 5月31日)		

マッチョキャラの代表的な有名人 （生年月日）

長渕剛	(1956年 9月 7日)	渡部建	(1972年 9月23日)
榊原郁恵	(1959年 5月 8日)	華原朋美	(1974年 8月17日)
上島竜兵	(1961年 1月20日)	伊達みきお（サンドウィッチマン）	(1974年 9月 5日)
石原良純	(1962年 1月15日)	米倉涼子	(1975年 8月 1日)
IKKO	(1962年 1月20日)	伊藤英明	(1975年 8月 3日)
布袋寅泰	(1962年 2月 1日)	さかなクン	(1975年 8月 6日)
蝶野正洋	(1963年 9月17日)	伊東美咲	(1977年 5月26日)
稲葉浩志（B′z）	(1964年 9月23日)	山崎静代	(1979年 2月 4日)
岸谷五朗	(1964年 9月27日)	上地雄輔	(1979年 4月18日)
石丸幹二	(1965年 8月15日)	綾小路翔	(1979年 4月26日)
吉川晃司	(1965年 8月18日)	ノブ（千鳥）	(1979年12月30日)
中村芝翫	(1965年 8月31日)	大島美幸（森三中）	(1980年 1月13日)
三村マサカズ	(1967年 6月 8日)	玉木宏	(1980年 1月14日)
加藤浩次	(1969年 4月26日)	水樹奈々	(1980年 1月21日)
原田泰造	(1970年 3月24日)	桐谷健太	(1980年 2月 4日)
宮迫博之	(1970年 3月31日)	安達祐実	(1981年 9月14日)
博多華丸	(1970年 4月 8日)	MEGUMI	(1981年 9月25日)
阿部サダヲ	(1970年 4月23日)	中村勘九郎	(1981年10月31日)
林家三平	(1970年12月11日)	尾野真千子	(1981年11月 4日)
竹野内豊	(1971年 1月 2日)	松本潤	(1983年 8月30日)
有田哲平	(1971年 2月 3日)	田中圭	(1984年 7月10日)
中村獅童	(1972年 9月14日)	夏目三久	(1984年 8月 6日)
宮川大輔	(1972年 9月16日)	澤部佑	(1986年 5月19日)

マッチョキャラの代表的な有名人（つづき）			（生年月日）
上野樹里	（1986年　5月25日）	染谷将太	（1992年　9月　3日）
多部未華子	（1989年　1月25日）	のん	（1993年　7月13日）
水原希子	（1990年10月15日）	白濱亜嵐	（1993年　8月　4日）
ゆりやんレトリィバア	（1990年11月　1日）	池田エライザ	（1996年　4月16日）
早乙女太一	（1991年　9月24日）	松井珠理奈	（1997年　3月18日）
白石麻衣	（1992年　8月20日）	小芝風花	（1997年　4月16日）

③三碧木星キャラに期待される役割

三碧木星キャラの特徴はいつも明るく、元気で、常に積極的で、前進することが大好きで、まるで永遠の少年や少女のように、エネルギーが満ちあふれ、いつまでも無邪気に自分の気持ちに正直で、どんどん新しいことにチャレンジしてほしいと思われています。

木梨憲武はいくつになってもいつもなにをしでかすかわからない、いたずらっ子パワー全開の、「永遠の少年少女キャラ」の典型ですし、松田聖子もいくつになっても変わらない永遠のアイドルです。

またウソやお世辞を言わず、本音で話してくれ、新しい情報を提供してくれ、新商品や新しい技術などいつも新しいことを教えてくれる「ニュースキャスターキャラ」のイメージも持たれがちです。池上彰や羽鳥慎一など知的で誠実な印象を与えるニュースキャスターキャラの典型です。

三碧木星キャラがファンや周りの人に期待される役割は「情報通」です。どんどん新しい風を起こし、面白いこと、楽しいことをやってくれそうと期待されています。いつまでも若々しく少年のようにエネルギッシュで活動し新しいアイデアをどんどん発信してほしいと周りの人に思われています。またいつまでも元気で活動的であってほしいと期待されています。営業先を紹介してほしい、商品をPRしてほしいという営業・広告関連の相談も来やすいです。

永遠の少年少女キャラの代表的な有名人			(生年月日)
泉ピン子	(1947年 9月11日)	井浦新	(1974年 9月15日)
小田和正	(1947年 9月20日)	ビビる大木	(1974年 9月29日)
郷ひろみ	(1955年10月18日)	はなわ	(1976年 7月20日)
孫正義	(1957年 8月11日)	松たか子	(1977年 6月10日)
久本雅美	(1958年 7月 9日)	氷川きよし	(1977年 9月 6日)
木梨憲武	(1962年 3月 9日)	大悟（千鳥）	(1980年 3月25日)
松田聖子	(1962年 3月10日)	竹内結子	(1980年 4月 1日)
豊川悦司	(1962年 3月18日)	高橋一生	(1980年12月 9日)
武藤敬司	(1962年12月23日)	妻夫木聡	(1980年12月13日)
木村祐一	(1963年 2月 9日)	要潤	(1981年 2月21日)
北斗晶	(1967年 7月13日)	真木よう子	(1982年10月15日)
佐藤二朗	(1969年 5月 7日)	森泉	(1982年10月18日)
槇原敬之	(1969年 5月18日)	倉木麻衣	(1982年10月28日)
EXILE HIRO	(1969年 6月 1日)	深田恭子	(1982年11月 2日)
ユースケ・サンタマリア	(1971年 3月12日)	速水もこみち	(1984年 8月10日)
カンニング竹山	(1971年 3月30日)	森山未來	(1984年 8月20日)
山崎まさよし	(1971年12月23日)	今市隆二（三代目 J SOUL BROTHERS）	(1986年 9月 2日)
藤井隆	(1972年 3月10日)	長澤まさみ	(1987年 6月 3日)
稲森いずみ	(1972年 3月19日)	岩田剛典（EXILE）	(1989年 3月 6日)
木村拓哉	(1972年11月13日)	佐藤健	(1989年 3月21日)
松雪泰子	(1972年11月28日)	桐谷美玲	(1989年12月16日)
高岡早紀	(1972年12月 3日)	加藤諒	(1990年 2月13日)
松嶋菜々子	(1973年10月13日)	本郷奏多	(1990年11月15日)
堺雅人	(1973年10月14日)	百田夏菜子（ももいろクローバーZ）	(1994年 7月12日)
小沢一敬	(1973年10月20日)	宮脇咲良（IZ*ONE）	(1998年 3月19日)
イチロー	(1973年10月22日)	鈴木福	(2004年 6月17日)
前園真聖	(1973年10月29日)	芦田愛菜	(2004年 6月23日)

ニュースキャスターキャラの代表的な有名人			(生年月日)
石坂浩二	(1941年 6月20日)	博多大吉	(1971年 3月10日)
池上彰	(1950年 8月 9日)	羽鳥慎一	(1971年 3月24日)
古舘伊知郎	(1954年12月 7日)	西島秀俊	(1971年 3月29日)
沢村一樹	(1967年 7月10日)		

④四緑木星キャラに期待される役割

四緑木星キャラの特徴として、周りからは四緑木星タイプの特徴として持つ、落ち着いていて社交性があって、相手に合わせて柔軟に対応できる「お兄さんお姉さんキャラ」の人が多いです。時には年上の人と年下の人の間を取り持ったり上司と部下の間を取り持つ調整役や、男女の間や人と人との間を取り持つ仲人役や仲介役を求められます。天海祐希はおせっかいでしっかり者のイメージがあり、お姉さんキャラの典型です。

また「いい人キャラ」の人も多いです。誰からも好かれ、その場所にいるだけでその場が和む癒し系のキャラは時には仕事ができないとか優柔不断を思われがちですが、憎めないキャラクターで誰からも愛される存在であることを期待されます。出川哲朗や西田敏行は誰からも愛されるいい人キャラの典型です。

四緑木星キャラがファンや周りの人に期待される役割は「癒し系キャラ」です。親切でお人よしの印象を周りに与えています。結婚相談所や転職エージェントなど結婚や仕事をあっせんしたり、人と人を仲介したり調整したり周りとうまくやることを期待されやすいです。

また評判や口コミを起こし、周りの人に影響を与える力があると期待されていますので、ライター、ブロガーなどのインフルエンサーとしての活躍を期待されています。

⑤五黄土星キャラに期待される役割

五黄土星キャラの特徴として、周りからは五黄土星タイプの特徴として持つ、頑固で自己主張が強いが忍耐強い印象を持たれやすく、一癖も二癖もある「クセ強めキャラ」の人が多いのが特徴です。周りにこびず、自分のスタイルを突き通すので、周りからは煙たがられてもお構いなしですが、個性が際立っているので

お兄さんお姉さんキャラの代表的な有名人 （生年月日）

名前	生年月日	名前	生年月日
吉永小百合	(1945年 3月13日)	中川家礼二	(1972年 1月19日)
松任谷由実	(1954年 1月19日)	武田真治	(1972年12月18日)
林真理子	(1954年 4月 1日)	寺島しのぶ	(1972年12月28日)
陣内孝則	(1958年 8月12日)	浅野忠信	(1973年11月27日)
哀川翔	(1961年 5月24日)	田村淳	(1973年12月 4日)
高田延彦	(1962年 4月12日)	窪塚洋介	(1979年 5月 7日)
松重豊	(1963年 1月19日)	玉山鉄二	(1980年 4月 7日)
Toshl（X JAPAN）	(1965年10月10日)	EXILE ATSUSHI	(1980年 4月30日)
高嶋政宏	(1965年10月29日)	向井理	(1982年 2月 7日)
東山紀之	(1966年 9月30日)	小倉優子	(1983年11月 1日)
吉井和哉	(1966年10月 8日)	蒼井優	(1985年 8月17日)
天海祐希	(1967年 8月 8日)	北川景子	(1986年 8月22日)
東野幸治	(1967年 8月 8日)	瀬戸康史	(1988年 5月18日)
杉本彩	(1968年 7月19日)	黒木華	(1990年 3月14日)
高嶋ちさ子	(1968年 8月24日)	河北麻友子	(1991年11月28日)
上田晋也	(1970年 5月 7日)	山﨑賢人	(1994年 9月 7日)
西川史子	(1971年 4月 5日)	橋本環奈	(1999年 2月 3日)
平井堅	(1972年 1月17日)		

いい人キャラの代表的な有名人 （生年月日）

名前	生年月日	名前	生年月日
蛭子能収	(1947年10月21日)	松村邦洋	(1967年 8月11日)
西田敏行	(1947年11月 4日)	井戸田潤	(1972年12月13日)
八代亜紀	(1950年 8月29日)	菅野美穂	(1977年 8月22日)
片岡鶴太郎	(1954年12月21日)	星野源	(1981年 1月28日)
小錦八十吉	(1963年12月31日)	山田孝之	(1983年10月20日)
出川哲朗	(1964年 2月13日)	玉森裕太	(1990年 3月17日)
林家たい平	(1964年12月 6日)	ローラ	(1990年 3月30日)

キャラ立ちしています。濱田岳や指原莉乃などテレビで見る分には個性が際立っていて、目立つタレントですが、自分の会社の同僚にいたら、いつも毒を吐きそうで一癖も二癖もある扱いにくいクセの強いキャラになるはずです。

クセの強さがより際立ち危険な香りがする「アウトローキャラ」の人も多いです。何をするかわからない怖さとダークな魅力に引き込まれてしまいます。気性が激しく感情をむき出しですが、がむしゃらに頑張っている印象を持たれ、映画、舞台など芸能界では非日常的なキャラももてはやされます。日常生活でも、やくざの親分肌で面倒見が良く、若い人から慕われる頼られるキャラでもあります。矢沢永吉はその破天荒で底辺から成り上がったロックなキャラで多くのファンを魅了しています。

「優等生キャラ」の人もいます。何でもパーフェクトにこなせますが、コミュニケーション下手でちょっと嫌味な印象を周りに与えます。でも任せた仕事は完璧にこなしてくれそうな印象を持たれています。櫻井翔は嵐のメンバーとして活躍しながら慶應義塾大学を卒業し、ニュースキャスターもこなすなどなんでもそつなくこなせる優等生キャラの筆頭と言えます。

五黄土星キャラがファンや周りの人に期待される役割は「トラブルシューター」です。不屈の精神でゆるがないバイタリティがあり精神力があると思われています。周りが誰もやりたがらない、できないことを頼まれやすいですが、それをこなすだけの力があると思われています。クレーム処理、トラブル対応など、何か問題があった時に解決してくれると期待されています。周りからトラブルや困難しかやって来ませんがその対応をしっかり行うことで周りの人を全て自分のファンにしてしまう力があります。

実行力や忍耐力があり面倒見が良く、親分肌で、周りの人から頼りにされやすいです。

クセ強めキャラの代表的な有名人	（生年月日）		
池乃めだか	（1943年 7月 3日）	岡村隆史	（1970年 7月 3日）
中村吉右衛門	（1944年 5月22日）	大久保佳代子	（1971年 5月12日）
高見沢俊彦	（1954年 4月17日）	鈴木おさむ	（1972年 4月25日）
所ジョージ	（1955年 1月26日）	陣内智則	（1974年 2月22日）
大地真央	（1956年 2月 5日）	原口あきまさ	（1975年11月 3日）
浅野ゆう子	（1960年 7月 9日）	釈由美子	（1978年 6月12日）
船越英一郎	（1960年 7月21日）	長谷川京子	（1978年 7月22日）
山寺宏一	（1961年 6月17日）	近藤春菜	（1983年 2月23日）
宮根誠司	（1963年 4月27日）	木村カエラ	（1984年10月24日）
恵俊彰	（1964年12月21日）	濱田岳	（1988年 6月28日）
江原啓之	（1964年12月22日）	北乃きい	（1991年 3月15日）
南原清隆	（1965年 2月13日）	指原莉乃	（1992年11月21日）
香川照之	（1965年12月 7日）		

アウトローキャラの代表的な有名人	（生年月日）		
矢沢永吉	（1949年 9月14日）	反町隆史	（1973年12月19日）
役所広司	（1956年 1月 1日）	MISIA	（1978年 7月 7日）
桑田佳祐	（1956年 2月26日）	又吉直樹	（1980年 6月 2日）
玉置浩二	（1958年 9月13日）	綾野剛	（1982年 1月26日）
遠藤憲一	（1961年 6月28日）	永山瑛太	（1982年12月13日）
高橋克典	（1964年12月15日）	小栗旬	（1982年12月26日）
ヒロミ	（1965年 2月13日）	中島美嘉	（1983年 2月19日）
YOSHIKI（X JAPAN）	（1965年11月20日）	錦戸亮	（1984年11月 3日）
古田新太	（1965年12月 3日）	松田翔太	（1985年 9月10日）
高嶋政伸	（1966年10月27日）	関口メンディー	（1991年 1月25日）
橋下徹	（1969年 6月29日）	米津玄師	（1991年 3月10日）
北村一輝	（1969年 7月17日）	二階堂ふみ	（1994年 9月21日）

優等生キャラの代表的な有名人	（生年月日）		
今井美樹	（1963年 4月14日）	松本幸四郎	（1973年 1月 8日）
真矢ミキ	（1964年 1月31日）	深津絵里	（1973年 1月11日）
光浦靖子	（1971年 5月20日）	稲垣吾郎	（1973年12月 8日）
常盤貴子	（1972年 4月30日）	一青窈	（1976年 9月20日）

⑥六白金星キャラに期待される役割

六白金星キャラの特徴として、周りからは六白金星タイプの特徴として持つ、積極的で責任感があって頭脳明晰で合理的に物事を判断できる、周りに対しても正しいことを指摘して導いてくれる「ツッコミキャラ」の人が多いのが特徴です。浜田雅功は大御所タレントに対しても容赦なく突っ込めるツッコミキャラの典型です。

完璧主義な傾向も強く、周りの人に媚びずプライドが高そうで自信がありそうで偉そうな雰囲気をもっている「王様、女王様キャラ」の人も多いです。リーダーに向いていると周りから期待されています。藤原紀香は普通にしていても気位が高そうに見えてしまう女王様キャラの好例です。

また本当は嫌いだったり興味のないことでも仕事のためならバカなキャラだったり、愛されキャラなど周りの期待に応えることができてしまう「マスコットキャラ」の人たちもいます。着ぐるみの中の素顔は他のタイプであったとしても周りが求めるキャラをしっかり演じ切ることができるタイプです。
ビートたけしはマスコットキャラの典型で、本来のビートたけしはベースタイプが九紫火星タイプである芸術家肌の映画監督北野武ですが、みんなから求められるビートたけしはおバカなマスコットキャラ。その両方を演じ分けることができる才能を持った方です。

六白金星キャラがファンや周りの人に期待される役割は「リーダー」です。チームや組織をまとめて、交渉や決断をして周りを引っ張ってほしいと思われています。
またコンペやスポーツなど勝ち負けに関わる勝負ごとでのリーダーを任されやすいです。

優等生キャラの代表的な有名人（つづき）	（生年月日）		
麻生久美子	（1978年 6月17日）	上戸彩	（1985年 9月14日）
小泉孝太郎	（1978年 7月10日）	新垣結衣	（1988年 6月11日）
田中麗奈	（1980年 5月22日）	三浦春馬	（1990年 4月 5日）
櫻井翔	（1982年 1月25日）	高畑充希	（1991年12月14日）
滝沢秀明	（1982年 3月29日）	高杉真宙	（1996年 7月 4日）
相葉雅紀	（1982年12月24日）		

ツッコミキャラの代表的な有名人	（生年月日）		
関口宏	（1943年 7月13日）	設楽統（バナナマン）	（1973年 4月23日）
上沼恵美子	（1955年 4月13日）	千原ジュニア	（1974年 3月30日）
浜田雅功	（1963年 5月11日）	バカリズム	（1975年11月28日）
唐沢寿明	（1963年 6月 3日）	西野亮廣	（1980年 7月 3日）
田中裕二（爆笑問題）	（1965年 1月10日）	藤森慎吾	（1983年 3月17日）
中井美穂	（1965年 3月11日）	高橋みなみ	（1991年 4月 8日）
今田耕司	（1966年 3月13日）	菅田将暉	（1993年 2月21日）
トータス松本	（1966年12月28日）	小島瑠璃子	（1993年12月23日）

王様、女王様キャラの代表的な有名人	（生年月日）		
三田佳子	（1941年10月 8日）	宮沢りえ	（1973年 4月 6日）
田村正和	（1943年 8月 1日）	滝川クリステル	（1977年10月 1日）
五木ひろし	（1948年 3月14日）	澤穂希	（1978年 9月 6日）
柴田恭兵	（1951年 8月18日）	宇多田ヒカル	（1983年 1月19日）
松坂慶子	（1952年 7月20日）	ベッキー	（1984年 3月 6日）
ラモス瑠偉	（1957年 2月 9日）	EXILE TAKAHIRO	（1984年12月 8日）
宮本亞門	（1958年 1月 4日）	西島隆弘	（1986年 9月30日）
石井竜也	（1959年 9月22日）	神田沙也加	（1986年10月 1日）
三木谷浩史	（1965年 3月11日）	三浦大知	（1987年 8月24日）
本木雅弘	（1965年12月21日）	吉高由里子	（1988年 7月22日）
小泉今日子	（1966年 2月 4日）	窪田正孝	（1988年 8月 6日）
薬丸裕英	（1966年 2月19日）	トリンドル玲奈	（1992年 1月23日）
安田成美	（1966年11月28日）	成田凌	（1993年11月22日）
内野聖陽	（1968年 9月16日）	武井咲	（1993年12月25日）
藤原紀香	（1971年 6月28日）	広瀬すず	（1998年 6月19日）

⑦七赤金星キャラに期待される役割

七赤金星キャラの特徴として、周りからは七赤金星タイプの特徴として持つ、明るく、社交的でお茶目な性格から周りの人から可愛がられ、放っておいても周りから自然と人が集まってきてしまう「フェロモンキャラ」の人が多いのが特徴です。普通のイケメン、美女にとどまらない、人を惹きつけてしまう色気にあふれるキャラをすでに持っていますので、その魅力を損なわない情報発信が大事になります。渡辺謙は俳優として魅力的ではありますが、恋愛遍歴も話題になるほど色気があるフェロモンキャラの代表例です。また石田ゆり子もいくつになっても男女問わず誰からも愛されるのは、普通の美女にとどまらない親しみやすさを感じさせるフェロモンキャラの好例と言えます。

また「おバカキャラ」の人も多いです。明るく、お茶目な性格から誰からの愛されるキャラが度を過ぎればまるでピエロのようにハメを外したり、奇妙な言動をして周りが楽しんだり場を和ませてくれるような役割を求められ、会食、飲み会、宴会で楽しませてくれるだろうと期待されやすい人たちです。小林幸子は芸歴50年を超える演歌界の大ベテランにも関わらず、紅白歌合戦で毎年大掛かりな舞台装置と衣装で注目を浴び、2012年の独立騒動で一時芸能界を干されていましたが、ニコニコ動画やコミケに活路を見出し、ラスボスキャラ（ドラゴンクエストなどロールプレイングゲームの最後の最強の敵で、紅白歌合戦の終盤で最大舞台装置で登場するところから命名される）として再ブレイクしたのはおバカキャラが活きた好例です。

七赤金星キャラがファンや周りの人に期待される役割は「宴会部長」です。お茶目で可愛げがありその場を明るく、楽しませてくれることを期待しています。その場の空気が読めるので、場を盛り上げてほしいと思われています。

マスコットキャラの代表的な有名人　（生年月日）

名前	生年月日	名前	生年月日
加藤一二三	（1940年 1月 1日）	秋山竜次（ロバート）	（1978年 8月15日）
ビートたけし	（1947年 1月18日）	小林麻耶	（1979年 7月12日）
高田純次	（1947年 1月21日）	優香	（1980年 6月27日）
竹中直人	（1956年 3月20日）	鈴木亮平	（1983年 3月29日）
三谷幸喜	（1961年 7月 8日）	吉岡聖恵（いきものがかり）	（1984年 2月29日）
宮藤官九郎	（1970年 7月19日）	賀来賢人	（1989年 7月 3日）
日村勇紀（バナナマン）	（1972年 5月14日）	有村架純	（1993年 2月13日）
内田有紀	（1975年11月16日）	はじめしゃちょー	（1993年 2月14日）
aiko	（1975年11月22日）	石川佳純	（1993年 2月23日）
市川猿之助	（1975年11月26日）	りゅうちぇる	（1995年 9月29日）
レイザーラモンHG	（1975年12月18日）		

フェロモンキャラの代表的な有名人　（生年月日）

名前	生年月日	名前	生年月日
高橋英樹	（1944年 2月10日）	浜崎あゆみ	（1978年10月 2日）
草刈正雄	（1952年 9月 5日）	佐藤隆太	（1980年 2月27日）
松平健	（1953年11月28日）	広末涼子	（1980年 7月18日）
小室哲哉	（1958年11月27日）	岡田准一	（1980年11月18日）
渡辺謙	（1959年10月21日）	小池栄子	（1980年11月20日）
黒木瞳	（1960年10月 5日）	大野智	（1980年11月26日）
藤井フミヤ	（1962年 7月11日）	壇蜜	（1980年12月 3日）
久保田利伸	（1962年 7月24日）	藤原竜也	（1982年 5月15日）
三浦知良	（1967年 2月26日）	松下奈緒	（1985年 2月 8日）
石田ゆり子	（1969年10月 3日）	宮﨑あおい	（1985年11月30日）
檀れい	（1971年 8月 4日）	戸田恵梨香	（1988年 8月17日）
JUJU	（1976年 2月14日）	吉岡里帆	（1993年 1月15日）
オダギリジョー	（1976年 2月16日）	横浜流星	（1996年 9月16日）

おバカキャラの代表的な有名人　（生年月日）

名前	生年月日	名前	生年月日
小林幸子	（1953年12月 5日）	酒井法子	（1971年 2月14日）
デーモン閣下	（1962年11月10日）	塚地武雅	（1971年11月25日）
林家正蔵	（1962年12月 1日）	ケンドーコバヤシ	（1972年 7月 4日）
長嶋一茂	（1966年 1月26日）	富澤たけし（サンドウィッチマン）	（1974年 4月30日）
つんく♂	（1968年10月29日）	田中卓志（アンガールズ）	（1976年 2月 8日）

⑧八白土星キャラに期待される役割

八白土星キャラの特徴として、周りからは八白土星タイプの特徴として持つ、山のように、どっしりと構えて、動きは遅く、慎重に地道に行動する「コツコツ努力キャラ」の人が多いのが特徴です。西川きよしは「小さなことからこつこつと」をキャッチフレーズに、三碧木星キャラで永遠の少年キャラで破天荒だった相方の横山やすしとは対極に地道に誠実にコツコツ仕事をする姿勢が評価され、参議院議員として3期務めるなどコツコツ努力キャラのお手本となる例です。また元AKB48のセンター前田敦子もコツコツ努力キャラの好例です。秋葉原の小劇場からスタートしてトップアイドルまで駆け上ったAKB48で最も努力が似合うキャラで、コンサートで過呼吸で倒れるほどの迫真のパフォーマンスはファンが応援したくなるのも頷けます。

また慎重に地道にコツコツ努力をしていく姿勢に加え少し控えめで落ち着いた古風な印象を周りに与えるところから、「和風キャラ」の人も多くいます。歌舞伎、落語など伝統芸能を継承していく上で周りからの期待もひときわ大きくなります。十三代目 市川團十郎を襲名する市川海老蔵は和風キャラの好例です。ベースタイプが五黄土星タイプで、一時までやんちゃな気質がそのまま出ていましたが、現在は市川宗家を継ぐにふさわしい落ち着きと品格が出てきました。まさに日本の伝統芸能を引き継ぎ引っ張っていってほしい存在です。

また特殊なケースとして、一度定着したキャラを変えずに貫いてほしいという周りの期待を背負う「キャラ変禁止キャラ」の人もいます。頑固で不器用でもいったん定着したキャラを貫いている姿勢を見ることで周りの人に安心感を与える存在でもあります。明石家さんまのベースタイプは九紫火星タイプで80年代の「オレたちひょうきん族」でのブラックデビルやパーデンネンなど変人キャラでブレイクし、MCをやっても子供相手でも、学者相手でも芸人相手でも美味しいところは全部持っていき笑いに変えてしまうお笑い怪獣ぶりを発揮しています

おバカキャラの代表的な有名人（つづき）			（生年月日）
観月ありさ	（1976年12月 5日）	満島ひかり	（1985年11月30日）
若林正恭（オードリー）	（1978年 9月20日）	きゃりーぱみゅぱみゅ	（1993年 1月29日）
松山ケンイチ	（1985年 3月 5日）	藤田ニコル	（1998年 2月20日）

コツコツ努力キャラの代表的な有名人			（生年月日）
宮崎駿	（1941年 1月 5日）	夏帆	（1991年 6月30日）
徳光和夫	（1941年 3月 3日）	前田敦子	（1991年 7月10日）
西川きよし	（1946年 7月 2日）	坂口健太郎	（1991年 7月11日）
中井貴一	（1961年 9月18日）	柏木由紀	（1991年 7月15日）
薬師丸ひろ子	（1964年 6月 9日）	山本美月	（1991年 7月18日）
堤真一	（1964年 7月 7日）	工藤阿須加	（1991年 8月 1日）
江口洋介	（1967年12月31日）	竹内涼真	（1993年 4月26日）
中谷美紀	（1976年 1月12日）	吉沢亮	（1994年 2月 1日）
瀬戸朝香	（1976年12月12日）	川栄李奈	（1995年 2月12日）
綾瀬はるか	（1985年 3月24日）	松岡茉優	（1995年 2月16日）
渡辺直美	（1987年10月23日）	佐藤 勝利（Sexy Zone）	（1996年10月30日）
岡田将生	（1989年 8月15日）	杉咲花	（1997年10月 2日）
池松壮亮	（1990年 7月 9日）	齋藤飛鳥（乃木坂46）	（1998年 8月10日）

和風キャラの代表的な有名人			（生年月日）
岩下志麻	（1941年 1月 3日）	月亭方正	（1968年 2月15日）
三遊亭円楽	（1950年 2月 8日）	舞の海秀平	（1968年 2月17日）
梅沢富美男	（1950年11月 9日）	藤木直人	（1972年 7月19日）
石川さゆり	（1958年 1月30日）	市川海老蔵	（1977年12月 6日）
真田広之	（1960年10月12日）	柴咲コウ	（1981年 8月 5日）
野村萬斎	（1966年 4月 5日）	安藤サクラ	（1986年 2月18日）
坂本冬美	（1967年 3月30日）	木村文乃	（1987年10月19日）

キャラ変禁止キャラの代表的な有名人			（生年月日）
堺正章	（1946年 8月 6日）	明石家さんま	（1955年 7月 1日）
志村けん	（1950年 2月20日）	時任三郎	（1958年 2月 4日）
関根勤	（1953年 8月21日）	未唯mie	（1958年 3月 9日）

が、落語家として芽が出ず、コメディアンとしてデビューして芸歴40年以上一貫して、本来もつ九紫火星タイプのキャラを崩さずここまで来ています。周りからコメディアンとして華やかで目立った九紫火星タイプの個性を今後も期待され続けるはずです。

八白土星キャラがファンや周りの人に期待される役割は「後継ぎ」です。落ち着いて慎重に物事を判断しながら、引き継いだものをコツコツ積み上げていってくれると後を任せたいと思われています。後を継いでほしいものとしては歴史であり、伝統文化であり、会社であり、財産などが挙げられます。相続する際に相談に乗ってほしいと思われるはずです。

また会社の後継者問題、会社を継いだ二代目から会社をどう変革していくべきかという経営コンサルティングの相談も期待されます。また会社をどう改革したらよいか、という経営改革全般のコンサルティングの依頼も来るはずです。

⑨九紫火星キャラに期待される役割

九紫火星キャラの特徴として、周りからは九紫火星タイプの特徴として持つ、頭脳明晰で美的センスと感性に優れている印象を持たれている「アーティストキャラ」の人が多いのが特徴です。繊細で壊れそうな雰囲気を持っているので守ってあげたいと思われやすいのが特徴です。福山雅治は物憂げな演技や繊細で切ないバラードを歌う姿に特に結婚する前までは女性ファンに熱狂的な人気があり、結婚すると「ましゃロス」が起きるほどの人気がありました。彼は典型的なアーティストキャラです。

また「変人キャラ」の人もいます。自分はできないけど、自分の代わりに目立ってほしい、自分にはできない奇妙なことをやってほしい、はじけてほしいと思われている人が多く、芸人やタレントが多いのも特長です。変人キャラの代表

キャラ変禁止キャラの代表的な有名人（つづき）			（生年月日）
宮崎美子	(1958年12月11日)	徳井義実	(1975年4月16日)
阿部寛	(1964年6月22日)	本上まなみ	(1975年5月1日)
椎名桔平	(1964年7月14日)	山崎弘也（アンタッチャブル）	(1976年1月14日)
内村光良	(1964年7月22日)	ムロツヨシ	(1976年1月23日)
松本明子	(1966年4月8日)	小雪	(1976年12月18日)
辻口博啓	(1967年3月24日)	長瀬智也	(1978年11月7日)
大竹一樹	(1967年12月8日)	城田優	(1985年12月26日)
織田裕二	(1967年12月13日)	小池徹平	(1986年1月5日)
飯島直子	(1968年2月29日)	亀梨和也	(1986年2月23日)
岡田圭右	(1968年11月17日)	クリスタル・ケイ	(1986年2月26日)
及川光博	(1969年10月24日)	藤原史織（旧ブルゾンちえみ）	(1990年8月3日)
西川貴教	(1970年9月19日)	波瑠	(1991年6月17日)
小木博明	(1971年8月16日)	広瀬アリス	(1994年12月11日)
GACKT	(1973年7月4日)	志尊淳	(1995年3月5日)
友近	(1973年8月2日)		

アーティストキャラの代表的な有名人			（生年月日）
渡哲也	(1941年12月28日)	松岡昌宏	(1977年1月11日)
近藤正臣	(1942年2月15日)	北川悠仁（ゆず）	(1977年1月14日)
武田鉄矢	(1949年4月11日)	香取慎吾	(1977年1月31日)
奥田瑛二	(1950年3月18日)	劇団ひとり	(1977年2月2日)
舘ひろし	(1950年3月31日)	長谷川博己	(1977年3月7日)
オール巨人	(1951年11月16日)	小渕健太郎（コブクロ）	(1977年3月13日)
山口百恵	(1959年1月17日)	菊川怜	(1978年2月28日)
吉田美和（DREAMS COME TRUE）	(1965年5月6日)	椎名林檎	(1978年11月25日)
奥田民生	(1965年5月12日)	ともさかりえ	(1979年10月12日)
沢口靖子	(1965年6月11日)	仲間由紀恵	(1979年10月30日)
葉加瀬太郎	(1968年1月23日)	大谷亮平	(1980年10月1日)
佐々木蔵之介	(1968年2月4日)	EXILE AKIRA	(1981年8月23日)
大沢たかお	(1968年3月11日)	松田龍平	(1983年5月9日)
吉田栄作	(1969年1月3日)	中村七之助	(1983年5月18日)
福山雅治	(1969年2月6日)	横山だいすけ	(1983年5月29日)
後藤輝基（フットボールアワー）	(1974年6月18日)	風間俊介	(1983年6月17日)
森山直太朗	(1976年4月23日)	二宮和也	(1983年6月17日)

格のタモリももともと深夜番組でイグアナの物まねでブレイクしたキワモノ芸人の先駆者ですし、太田光は爆笑問題で漫才をやっても、司会をやっても狂っている変人キャラが受けています。

また変人キャラの中で最近ではある領域にのめりこむようにはまっていることをアピールするオタクキャラの人も増えてきました。有吉弘行や本田翼などゲームオタクとして番組を持つくらいの人気があるのも九紫火星キャラが立っているからです。

九紫火星キャラがファンや周りの人に期待される役割は「一芸に秀でたタレント」であり、「研究者」です。

華やかで感性に優れ最新トレンドを追いかける印象があります。また芸術的なセンスが光るので、写真、絵画、美容、ファッションなどのトレンドリーダーとして周りから期待されています。

また頭の回転が速く将来を見通す洞察力もあり、器用なタイプで裁判、訴訟など法律に関わる問題の相談をされやすいのが特徴です。ある専門領域を掘り下げていき、業界の第一人者としての役割も期待されています。

7　ポテンシャルはあなたが宿している潜在能力や可能性

生まれた年によってベースタイプとなる性格が決まるように、生まれた月によっても性格に影響を受けます。ベースタイプの月ごとの気質の傾向を「ポテンシャル」と言います。ベースタイプごと、月ごとにそれぞれ性格の30％くらいがポテンシャルの影響を受けています。

ポテンシャルは潜在的に持っている性格で、内面的な性格の傾向なのであまり表に出てきません。ポテンシャルの潜在的な才能を開花させて強めていくことができます。

同じベースタイプであっても生まれた月によって、ポテンシャルが異なるため

アーティストキャラの代表的な有名人（つづき）	（生年月日）		
平原綾香	（1984年 5月 9日）	山田涼介	（1993年 5月 9日）
山下智久	（1985年 4月 9日）	神木隆之介	（1993年 5月19日）
山崎育三郎	（1986年 1月18日）	福士蒼汰	（1993年 5月30日）
柄本佑	（1986年12月16日）	土屋太鳳	（1995年 2月 3日）
石原さとみ	（1986年12月24日）	あいみょん	（1995年 3月 6日）
市原隼人	（1987年 2月 6日）	小松菜奈	（1996年 2月16日）
松坂桃李	（1988年10月17日）	新田真剣佑	（1996年11月16日）
菜々緒	（1988年10月28日）		

変人キャラの代表的な有名人	（生年月日）		
タモリ	（1945年 8月22日）	矢作兼	（1971年 9月11日）
泉谷しげる	（1948年 5月11日）	中居正広	（1972年 8月18日）
春風亭昇太	（1959年12月 9日）	土田晃之	（1972年 9月 1日）
石橋貴明	（1961年10月22日）	有吉弘行	（1974年 5月31日）
川平慈英	（1962年 9月23日）	木村佳乃	（1976年 4月10日）
太田光（爆笑問題）	（1965年 5月13日）	斎藤工	（1981年 8月22日）
松本伊代	（1965年 6月21日）	中川翔子	（1985年 5月 5日）
蛍原徹	（1968年 1月 8日）	イモトアヤコ	（1986年 1月12日）
CHARA	（1968年 1月13日）	柳原可奈子	（1986年 2月 3日）
堀内健	（1969年11月28日）	本田翼	（1992年 6月27日）
原田龍二	（1970年10月26日）		

少し性格が変わってきます。ポテンシャルは内面的な気質の傾向や潜在意識の傾向や未来の可能性であり、ベースタイプと比べて表に出てきにくいものです。ベースタイプが顕在意識の傾向であるならば、ポテンシャルは潜在意識の傾向です。

例えば同じ七赤金星タイプでもポテンシャルによって9種類の七赤金星タイプがあり、同じ二黒土星タイプでも9種類の二黒土星タイプがあります。これにより9×9＝81種類の人の性格のパターンができてきます。

ベースタイプとポテンシャルが同じ人が出てきます。例えば七赤金星寄りの七赤金星タイプの人などです。その場合は外見も中身も七赤金星タイプという、最も七赤金星タイプの傾向がよく表れている人です。

ポテンシャルが出てくる傾向としては、物事を考えていく際にポテンシャルの傾向が出てきやすいです。例えば新しい環境や仕事を任せられるようになると、どのように振る舞おうとする潜在意識が表れてきます。

例えばポテンシャルが八白土星の人は、どうすればこれまでのやり方を変えることができるかと考えますし、ポテンシャルが九紫火星の人は、どうすれば自分が目立つかを考えます。ポテンシャルが七赤金星の人は、どう楽しめるかを考えます。

仕事を選ぶ場合、隠れた能力を発揮しやすいので、ベースタイプ同様ポテンシャルが示す仕事も向いています。やったことはないけれど、やらせたら得意な

あなたのポテンシャル

ベースタイプ / 誕生日	一白水星	二黒土星	三碧木星	四緑木星
2/4 ～ 3/5	七赤金星力	一白水星力	三碧木星力	一白水星力
3/6 ～ 4/4	八白土星力	六白金星力	四緑木星力	二黒土星力
4/5 ～ 5/5	九紫火星力	七赤金星力	四緑木星力	三碧木星力
5/6 ～ 6/5	一白水星力	八白土星力	六白金星力	四緑木星力
6/6 ～ 7/6	二黒土星力	九紫火星力	七赤金星力	六白金星力
7/7 ～ 8/7	三碧木星力	一白水星力	八白土星力	六白金星力
8/8 ～ 9/7	四緑木星力	二黒土星力	九紫火星力	七赤金星力
9/8 ～ 10/8	六白金星力	三碧木星力	一白水星力	八白土星力
10/9 ～ 11/7	六白金星力	四緑木星力	二黒土星力	九紫火星力
11/8 ～ 12/6	七赤金星力	一白水星力	三碧木星力	一白水星力
12/7 ～ 1/5	八白土星力	六白金星力	四緑木星力	二黒土星力
1/6 ～ 2/3	九紫火星力	七赤金星力	四緑木星力	三碧木星力

ことだったりします。意識して能力開発を行っていくと、成長しやすい領域でもあります。

ただ注意点として、ポテンシャルだけで人の性格を判断しないことです。性格の主たる部分はベースタイプの気質によるものが多いので、ポテンシャルはあくまで補足的に潜在的な部分、内に秘めた部分の能力や可能性であるということです。

8　あなたのポテンシャルの出し方

ポテンシャルはベースタイプごと、生まれた月ごと決まっています。うるう年は区切りが前後する場合がありますので、うるう年生まれで区切り前後の日に生まれた方は万年暦で確認ください。

五黄土星	六白金星	七赤金星	八白土星	九紫火星
八白土星力	六白金星力	四緑木星力	二黒土星力	九紫火星力
九紫火星力	七赤金星力	四緑木星力	三碧木星力	一白水星力
一白水星力	八白金星力	六白金星力	四緑木星力	二黒土星力
二黒土星力	九紫火星力	七赤金星力	六白金星力	三碧木星力
三碧木星力	一白水星力	八白土星力	六白金星力	四緑木星力
四緑木星力	二黒土星力	九紫火星力	七赤金星力	四緑木星力
男性　三碧木星力 女性　四緑木星力	三碧木星力	一白水星力	八白土星力	六白金星力
六白金星力	四緑木星力	二黒土星力	九紫火星力	七赤金星力
七赤金星力	九紫火星力	三碧木星力	一白水星力	八白土星力
八白土星力	六白金星力	四緑木星力	二黒土星力	九紫火星力
九紫火星力	七赤金星力	四緑木星力	三碧木星力	一白水星力
一白水星力	八白土星力	六白金星力	四緑木星力	二黒土星力

9　ポテンシャルの上手な活用法

ベースタイプとポテンシャルはバランスが大事です。ベースタイプ以上にポテンシャルを意識して強めていくと性格全体のバランスが取れてきます。

ポテンシャルの才能を開花させていくためには、あなたのポテンシャルと同じベースタイプの人と常日頃から接していると、ポテンシャルの立ち居振る舞いを学ぶことができ、才能が開花していきます。

私の場合、ポテンシャルが六白金星力です。監修の増田はベースタイプが六白金星タイプなので、増田から六白金星タイプの持つ、決断力や合理的な判断力などを学んでいます。六白金星力は、経営者力、社長力を強めます。

またベースタイプとポテンシャルが同じ方もいます。

ポテンシャルがベースタイプをより強めていますので、バランスを取っていきながら才能を広げていくためには、キャラを開発していく必要があります。

10　周りに期待されるキャラを生きることでポテンシャルを開花させる

自分のベースタイプによって、成功しやすいキャラがわかり、それによって、ポテンシャルがより開花しやすくなります。

もともとの自分の持っていて発揮されている気質や能力は、ベースタイプの領域の大きさしかなく、ポテンシャルの才能を開発していくためには、自分のポテンシャルと同じベースタイプの人と接することでポテンシャルの能力を開発していくことができます。

ベースタイプ、ポテンシャルそのものの領域をより大きくしていく上で重要になるのが、キャラです。キャラはお客様や周りの人から期待される役割であり、仕事です。

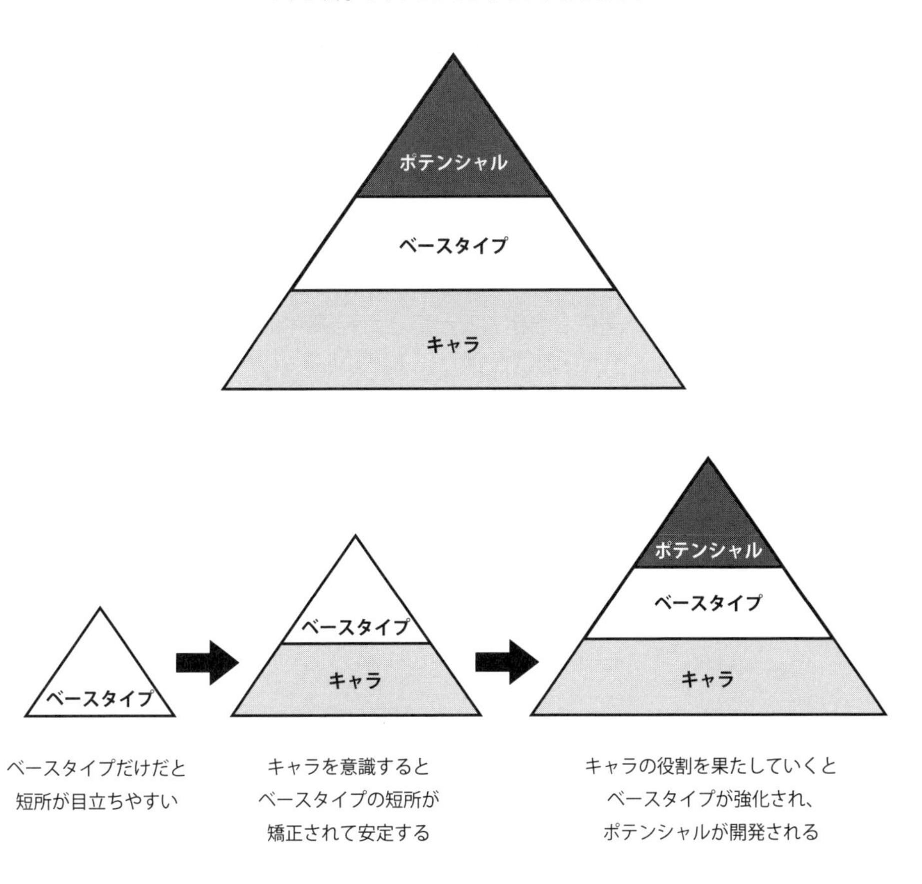

ベースタイプの性格だけだと長所よりも短所が悪目立ちしやすくなります。キャラとして期待される役割を果たしていくと、全体の性格の割合の中で、キャラの割合が大きくなります。それにより、ベースタイプの短所が矯正されて丸くなります。よりキャラの役割を果たしていき、より強くベースタイプの短所が矯正されて丸くなると、ポテンシャルの能力が表に出て来やすくなります。

キャラに代表される仕事や役割は、放っておいても周りが期待する役割です。ゆえに、キャラに代表される仕事に就くと才能が開花しやすく成長が早いです。

第11章で説明するラッキーエネルギーとキャラが同じの人は周りから期待される役割や仕事をこなしていくとラッキーエネルギーが溜まりやすいのでよりチャンスを引き寄せやすいです。また周りの人とのコミュニケーションがスムーズにでき、打ち解けやすくなります。

またラッキーエネルギーとポテンシャルが同じエネルギーの人は学んだことが身に付きやすく、才能が開花しやすくなり、また経験や周りの環境から学ぶ力が強いです。思ったことを実行すれば成功しやすくなります。

第５章
キャラを使ってキャリアをステップアップする

1　SNS編：キャラを生かして インスタグラマーやYouTuberデビュー！

キャラを定着させていく上でおすすめなのが、Facebook やインスタグラム、YouTube など SNS や動画配信を活用してキャラをアピールしていくことです。

SNS はそれぞれ特徴があります。周りから期待されるキャラを生かしていく上で、SNS の特性を生かして、ファンを増やしていくことが大事です。すでにいろいろな SNS を駆使して情報発信をしている人もいるので、どの SNS を中心に置くかの参考にしてください。

各種 SNS の具体的な活用の仕方は監修の増田の著書『SNS であなたのファンを増やす！』（中村悦子名義、自由国民社）をご参照ください。

◎ビジュアル重視型

・三碧木星キャラ　YouTube などの動画配信ツール、インスタグラムで動画配信
・九紫火星キャラ　インスタグラム

◎文章重視型

・二黒土星キャラ　Facebook、ツイッター
・四緑木星キャラ　ブログ
・八白土星キャラ　ブログ

◎**ネットワーク重視型**

・一白水星キャラ　Facebook
・六白金星キャラ　Facebook
・七赤金星キャラ　LINE

◎**その他**

・五黄土星キャラ　Facebook

①一白水星キャラにおすすめのSNS

Facebookがおすすめ。人脈が見えるので、友達を紹介したり、イベントに招待したり人脈の有効活用ができます。

一白水星キャラが周りの人に期待される役割は「相談相手」です。心を癒すヒーラーのような役割が期待されています。人と人をつなげる、人を癒すそんなメッセージ発信を心掛けてください。

〈おすすめテーマ〉

温泉、海、川、湖、お風呂、睡眠、キッチン、お酒、魚、人間関係、恋愛、副業、悩み、神様、スピリチュアル、月、星

②二黒土星キャラにおすすめのSNS

Facebookやツイッターがおすすめ。今日の一言など、短い文でいいので、毎日続ける習慣ができると真面目で努力している印象を与えます。

二黒土星キャラが周りの人に期待される役割は「お母さん」です。周りの人を気にかけ元気づけてほしいと思われています。

今日の一言などで、日々の習慣作りや人をやる気にさせるメッセージ発信を心掛けてください。

〈おすすめテーマ〉

大地、公園、洞窟、農業、和菓子、陶芸、交流会、子育て、介護、研修、コーチング、コレクション

③三碧木星キャラにおすすめのSNS

YouTubeやSHOWROOM、17LIVE、Pocochaなど動画配信ツールがおすすめ。新しいツールを使いこなして、MC力を生かして、最新ニュースをリアルタイムに配信するとファンがつきます。

三碧木星キャラが周りの人に期待される役割は「エンターティナー」であり「情報通」です。

新商品や新しい技術、斬新なアイデアなど新しいものをどんどん紹介し、周りの人を明るくする発信を心掛けてください。

〈おすすめテーマ〉

音楽、落語、講演、森、テレビ、ラジオ、ゲーム、柑橘類、野菜、ゴルフ、楽器、茶、最新技術

④四緑木星キャラにおすすめのSNS

ブログがおすすめ。文章を書いていろんな評判の良い商品や情報を口コミしていくと効果があります。

四緑木星キャラが周りの人に期待される役割は「癒し系キャラ」です。またインフルエンサーとしての活躍を期待されています。

また四緑木星キャラの人が言うことは信頼できると思われますので、いろんな評判の良い商品や情報を口コミしていく情報発信を心掛けてください。

〈おすすめテーマ〉

旅行、鉄道、飛行機、ブログ、文章、香水、アロマ、鳥、バラ、麺類、髪、靴、木工細工

⑤五黄土星キャラにおすすめのSNS

Facebookがおすすめ。ビジネス利用に効果があります。ただ不用意にネットにプライベートの情報や行動が特定されやすい情報を出すとビジネスにおいて逆効果の場合があります。

五黄土星キャラが周りの人に期待される役割は「トラブルシューター」です。

これまでのお悩みごとの解決の実績や事例、お客様の声を情報発信してを心掛けてください。

〈おすすめテーマ〉

問題解決事例、お客様の声

⑥六白金星キャラにおすすめのSNS

Facebookがおすすめ。社長、経営者同士つながることができ、ビジネス利用に効果があります。

六白金星キャラが周りの人に期待される役割は「リーダー」です。

リーダーとしての強さを期待されていますので、ビジネスやスポーツなど強さをアピールする情報発信を心掛けてください。

〈おすすめテーマ〉

ビジネス、スポーツ、ボランティア、神社、お寺、城、宝石、洋菓子、果物、株、青空、時計、車、洋菓子、老後

⑦七赤金星キャラにおすすめのSNS

LINE がおすすめ。個別メッセージを駆使しながら飲み会やパーティの仲間を誘っていくと、仲良くなっていきます。

七赤金星キャラが周りの人に期待される役割は「宴会部長」です。

飲み会、パーティ、趣味など楽しいイベントの情報発信を心掛けてください。

〈おすすめテーマ〉

飲み会、レストラン、カフェ、ファストフード、バー、趣味、エンターテインメント全般、出版、鶏肉

⑧八白土星キャラにおすすめのSNS

ブログがおすすめ。毎日コツコツ勉強しながら情報発信を続けていくと、コンテンツが体系化されコンサルタントとして相談されるようになります。

八白土星キャラが周りの人に期待される役割は「後継ぎ」であり、コンサルタントです。

例えば日本の伝統文化に関するテーマの情報発信がおすすめ。目上の人に可愛がられ落ち着いた印象を与えるはずです。また毎日情報発信を続け、コンテンツが体系化されると出版することもできるようになります。

〈おすすめテーマ〉

山、旅館、ホテル、伝統文化、歴史、家族、家、牛肉、家具、自身のノウハウ

⑨九紫火星キャラにおすすめのSNS

インスタグラムがおすすめ。ビジュアル的にきれいなもの、可愛いものなど、センスを生かした写真をアップしていくと、フォロワーが増えていきます。

九紫火星キャラがファンや周りの人に期待される役割は「一芸に秀でたアーティストやタレント」であり、「研究者」です。

例えばインスタグラムを使ってきれいなもの、可愛いものなど、センスを生かした写真を見た目重視でアップしていくと、フォロワーが増えていくはずです。

〈おすすめテーマ〉

映画、占い、灯台、ギャンブル、株、祭り、デザイン、メイク、学校、図書館、博物館、読書、地図、文具、絵画、写真、アクセサリー、芸術、小説、アイドル、

2 就職編：自分の活躍しやすい場をうまく使って、ファンを増やしキャラを開発する

はじめて就職する時は仕事をした経験がないので、自分が周りから何が期待されているかキャラを意識した就職は難しいものです。まずは生まれ持った気質であるベースタイプを活かした就職をすることになります。

入社後職場でファンが増えていくためには、周りの人を味方につけていくことがとても大事です。

自分の力だけで頑張ろうとしないで、周りの人の力を借りたり、オフィスや店舗や自宅など身の回りの環境を整えたり、時流を読むことも時には大事になってきます。

自分の活躍しやすい場を作るにはキャラが役に立ちます。キャラとはファンや周りの人があなたに対してもっている期待するイメージです。その期待を満たしていくことで、キャラの種を育てていきながら少しずつファンが増えていきます。周りの人から頼まれる仕事をこなしていきながら冷静な目を持って自分の期待される役割、キャラの種を育てていくことができます。

自分が活躍しやすい場を作る

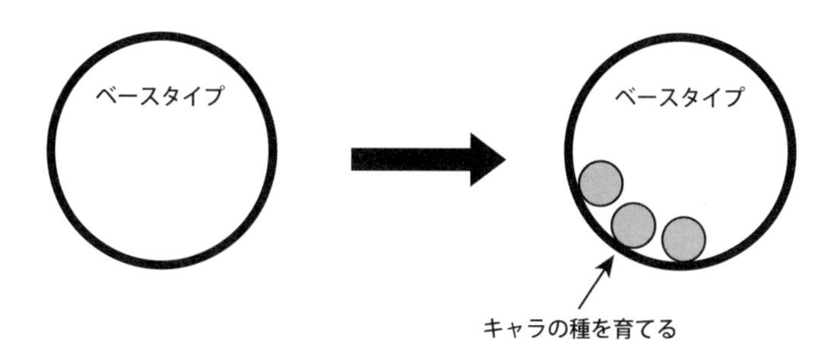

キャラ別・期待される場

一白水星キャラ	相談しやすい環境、リラックスできる安心できる場、交流会など人脈がつながる場
二黒土星キャラ	応援してもらえる場、元気をもらえる場、コーチやアドバイスをもらえる場、会の事務局や裏方
三碧木星キャラ	楽しめる場、新しいことを情報発信していく場、音楽・芸能イベントや講演会の企画、会の MC
四緑木星キャラ	癒しの場、旅行の幹事。温泉や居心地の良いカフェなど場所にこだわったコミュニティや交流会
五黄土星キャラ	ほかの人がやりたがらないことを引き受ける。トラブル対応、クレーム処理、お客様相談室など。
六白金星キャラ	チームを引っ張るリーダー、スポーツ観戦、経営者の集まり、ロータリークラブ、ライオンズクラブ
七赤金星キャラ	飲み会、アトラクション企画、宴会の盛り上げ役
八白土星キャラ	後継ぎ、引継ぎ、家業の二代目、家庭、おうちサロン
九紫火星キャラ	専門性を相談できる場、最新トレンドを知る場、感性を磨く場

応援していただけるお客様やファンのなってほしい自分に近づき、お客様やファンの期待に応え続け行動し続けることで、より多くの人から愛される存在になります。それによって自分自身がより成長し運気が開けてきます。

3 転職編：自分のやりたい仕事ではなく、期待される役割を意識したキャリアを拓く

一昔前は転職する目的は自分の持っている能力をより活かす職場や好条件の職場を求めて転職することが多かったものですが、会社が終身雇用する時代は終わり、多様な働き方が可能になりました。最終的に仕事上のキャリアの到達点をどこに設定して、目指していくかが、人生100年時代に生涯現役で働いていく上でとても大切になります。

自分の能力を発揮できる仕事や給与が高い、権限が与えられるなどの好条件や、自分のベースタイプの気質を中心に転職を選びがちですが、生涯現役で働いていく上で、いつでも独立して個人事業主として働いていくことができるだけの専門性とクライアントを持っておくことが大切になります。

最初に就職した会社で培った、周りの人を味方につけていくノウハウやファンが増えるキャラや役割を踏まえた仕事を選んだ方が、将来のお客様を育て、潜在意識の能力であるポテンシャルも開発されてきます。

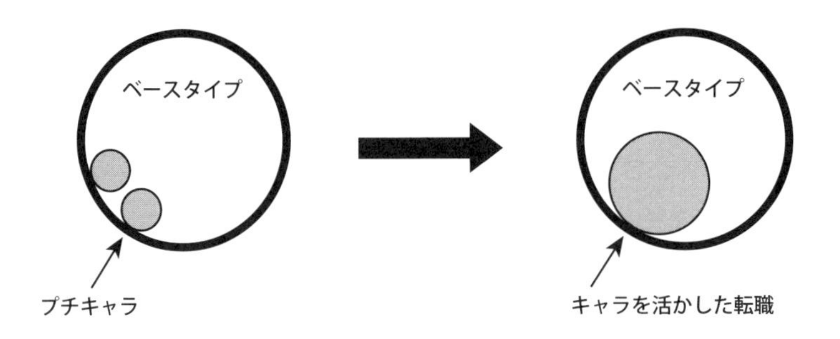

私はこれまで転職は2回行っています。

新卒で入ったのは企業研修を中心とした人材開発のコンサルティング会社でした。いつかは研修講師をしたいとあこがれ、まずは営業として活動していました。私はベースタイプの七赤金星タイプを活かした研修業界からキャリアをスタートしました。その後異動で新卒採用のブランドコンサルティングの仕事をしていました。

また研修業界の仕事に関わりたいと思い、IT業界の企業向けソフトウェア会社で研修事業の立ち上げに参画して、1回目の転職を行いました。当時の転職する際の会社を選ぶ基準は

1.研修に関わる仕事

2.給与が良い

3.会社の成長が見込める

を軸に転職活動しました。まさに自分のベースタイプの能力が活き、好条件の会社に転職しました。しかしながら、ITの知識が乏しく仕事がなかなか軌道に乗りませんでした。運の悪いことに、それまで急成長し東証一部上場していたにも関わらず、2006年のライブドアショックの影響をもろに受けて、長らく低迷。ビジネスモデルの転換を余儀なくされていました。

その後縁あって監修の増田が社長をするROSESに参画し、2回目の転職を行いました。

当初はそれまで培ったウェブや顧客管理システムの導入や運用をお手伝いするコンサルタントとしての役割を会社で担っていました。会社が軌道に乗るにつれ、増田からファンクラブコンサルティング事業をいつかは継承してほしいとことあるごとに言われ、まさに私のキャラである八白土星キャラの「後継者」としての役割を求められるようになりました。

私の場合は増田の会社に転職してから後付けで、私のキャラである八白土星キャラを開発してきたわけですが、リスクを減らして、転職を成功させるのであ

れば、今いる会社である程度周りから求められるキャラを開発した上で、転職した方が安全です。

①一白水星キャラにおすすめの仕事

一白水星キャラが周りの人に期待される役割は「相談相手」です。また保険の営業やネットワークビジネスなど人脈が役に立つ仕事も才能が開きます。

・カウンセラー
・ネットワークビジネス全般
・医療関係の仕事
・インターネット関連ビジネス
・保険の営業、ライフプランナー
・営業全般
・警備、セキュリティ関連のビジネス
・マジシャン

②二黒土星キャラにおすすめの仕事

二黒土星キャラが周りの人に期待される役割は「お母さん」です。イベントやコミュニティの事務局や人事や人材育成担当など人に関わる仕事も才能が開きます。

・コーチ
・会の事務局
・農業
・不動産業
・保育士
・会社の人材育成担当
・会社の補佐役、ナンバー２
・建設業
・陶芸家
・介護士

③三碧木星キャラにおすすめの仕事

三碧木星キャラが周りの人に期待される役割は「エンターティナー」であり

「情報通」です。

新規開拓のや営業やPRなど広告関連の仕事も才能が開きます。またミュージシャンや講演家など人を楽しませる仕事も才能が開きます。

・司会
・タレント
・広告業
・新規開拓営業
・ミュージシャン
・マーケティングコンサルタント
・講演業

④四緑木星キャラにおすすめの仕事

四緑木星キャラが周りの人に期待される役割は「調整役」です。結婚相談所や転職エージェントなど結婚や仕事をあっせんする仕事やライター、ブロガーなどのインフルエンサーとしての仕事も才能が開きます。

・ライターなど文章を書く仕事
・旅行に関わる仕事
・小売業
・結婚相談所
・会社の採用担当
・ブログやSNSなどのインフルエンサー
・インテリアに関わる仕事
・営業
・転職エージェント
・アロマ、香水など香りを扱う仕事

⑤五黄土星キャラにおすすめの仕事

五黄土星キャラが周りの人に期待される役割は「トラブルシューター」です。クレーム処理、トラブル対応など、問題を解決する仕事も才能が開きます。

・人がやりたがらない仕事
・コールセンター
・クレーム対応
・会の事務局

・飲み会の幹事
・公務員
・弁護士
・コンサルタント
・リーダー
・金融業
・交渉担当

⑥六白金星キャラにおすすめの仕事

六白金星キャラがファンや周りの人に期待される役割は「リーダー」です。また決断力が求められる投資関連の仕事も才能が開きます。

・社長
・公務員
・法律家
・為替や株のディーラー
・成果報酬型の営業
・リーダー
・政治家
・スポーツ選手
・ベンチャーキャピタル

⑦七赤金星キャラにおすすめの仕事

七赤金星キャラがファンや周りの人に期待される役割は「宴会部長」です。場を盛り上げる仕事も才能が開きます。またトークを活かした仕事も期待されます。

・弁護士
・ホステス
・カフェ
・歯科医
・営業
・講演家
・金融業
・ネットワークビジネス
・通訳

⑧八白土星キャラにおすすめの仕事

八白土星キャラが周りの人に期待される役割は「後継ぎ」であり、コンサルタントです。経営や相続に関するコンサルタントや伝統文化に関連する仕事も才能が開きます。

・後継ぎ
・相続に関連する仕事
・倉庫業
・伝統文化に関わる仕事
・経営コンサルタント
・リフォーム業
・ホテル業

⑨九紫火星キャラにおすすめの仕事

九紫火星キャラがファンや周りの人に期待される役割は「一芸に秀でたアーティストやタレント」であり、「研究者」です。芸術、法律、医学など特定の専門領域を掘り下げていく仕事も才能が開きます。

・芸術家
・会計士
・学者
・カメラマン
・画家
・アイドル
・記者
・法律家
・医者
・研究者
・デザイナー
・タレント
・俳優
・占い師

4 副業・セカンドキャリア編：求められる役割や仕事で第二の人生を充実させる

転職を重ねていくうちに、周りから求められる役割や仕事をこなせるようになり、ファンがついてくると、キャラを活かした仕事でお金をいただけるようになります。

最終的なキャリアを生涯現役で独立して働いていくことを念頭に、副業としてキャラを活かした仕事を開業してみることをおすすめします。

副業として開業するためには専門性や独自性とお客様が必要です。副業を始める当初は自分のベースタイプが活きる本業が中心で、周りから期待されるキャラを活かした副業は本業のおまけ程度です。しかし、キャラを活かした専門性とファンが増えてくれば、独立しても安定して収益をあげることができるようになります。

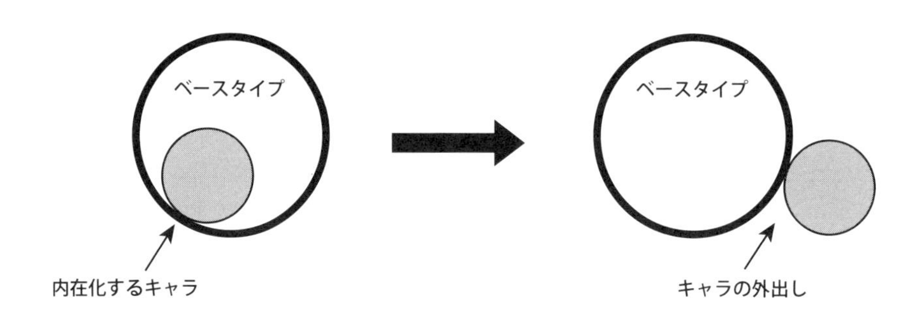

軌道に乗った弊社の事業の主力は、監修の増田の二黒土星キャラを活かしたコミュニティ運営や企業のコンサルティングと、私の前職までの経験を活かしたウェブ制作やシステムを活用したマーケティングコンサルティングでした。会社経営を安定させるために日々九星気学の教えを増田と私で実践してきましたが、そのノウハウを教えてほしいという要望があり、最近では、姓名鑑定やオフィスや店舗の風水鑑定や引っ越しや吉方の鑑定、ファン気学を活かした起業に関する鑑定を行うようになりました。今回これまで培ったファン作りと九星気学を融合

したファン気学の書籍を出すに到ったですが、増田から学んだファン作りの考え方とこれまで日本で培われた九星気学の英知を引き継ぎお伝えしようとしています。私の八白土星キャラ的なノウハウを継承した新規事業になります。これまでの経営コンサルティングやウェブやシステムコンサルティング、コミュニティ運営も継続していきますが、新たな事業の柱としてファン気学を活用したコンサルティングにも力を入れています。

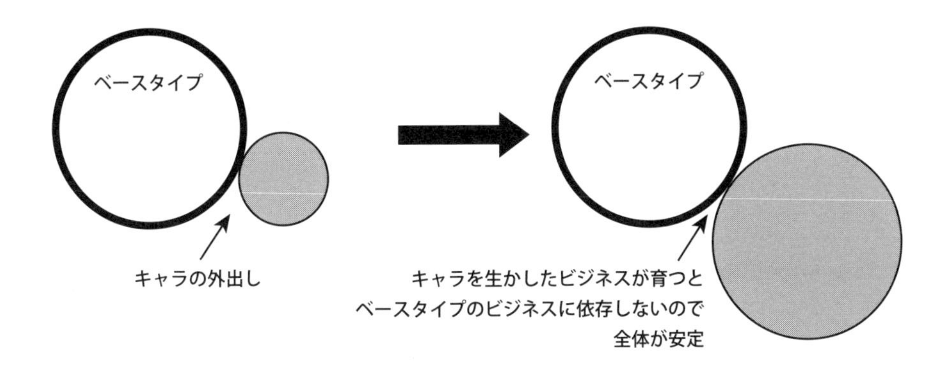

長年勤めた会社で定年退職を迎え定年後セカンドキャリアを考える場合は少し事情が異なります。キャラ開発に3～5年くらいじっくり時間をかけて行ったほうがリスクを最小化できます。定年後畑違いの業種に起業したり転職してもうまくいきません。定年退職後、再雇用されたもともとの会社に勤めながら自分のベースタイプの気質を活かした仕事で給料を稼ぎながら、周りの人から期待されるキャラを活かした仕事や人脈が広がる趣味を始めていきましょう。

住宅ローンを払い終わるまで稼ぐ必要があるなど、特殊な事情がない限り、自分が活かされる仕事や周りから求められる仕事をセカンドキャリアとして行い、人脈が広がり、人生の充実感を味わうことができる趣味を楽しみながら余生を楽しむことをおすすめします。

私の父親は、若い頃は大学に行こうと上京したり、兄と起業しようと鉄工所に弟子入りしたり夢を追っていましたが、夢破れて祖父のすすめで地元の警察官として仕事に就くことになりました。長年携わった仕事は交通事故の対応をする仕事でまさに誰もやりたがらないことですが、父親にとっては周りから求められる五黄土星キャラの仕事でした。

退職後も生涯現役で働き続けるのであれば五黄土星キャラの活きるトラブル対応の仕事、例えば損害保険の代理店の顧問として交通事故対応のアドバイスをする仕事をしても充分やっていくことができたはずです。

現在父親は趣味で始めた畑いじりが本格化し、農家から休耕地を借りて、年金をもらいながら農業を行い、野菜を作る自給自足に近い生活を行っています。また義理の息子の大工仕事の手伝いを行いながら、モノづくりの楽しみを味わっています。

第11章でラッキーエネルギーをチャージする方法をご紹介しますが、七赤金星タイプの父親にとって大地に関わる農業はラッキーエネルギーである二黒土星エネルギーを得ることができますし、家造りの仕事もラッキーエネルギーである八白土星エネルギーを得る生活を日々送っています。

このように定年後の生活スタイルは、キャラを活かして生涯現役で働くこともできますし、ラッキーエネルギーをチャージしつつ趣味を活かした軟着陸をすることもできます。

5　起業編：周りやファンの期待に応えたキャラ起業

キャラを生かした才能を開く仕事で起業すると成功しやすいです。

起業する際、自分がやりたいことで起業しても成功できるとは限りません。自分がやりたいことであっても他の人が望むものではない場合はニーズがなく、集客できるとは限らないからです。それよりも周りの人からよく頼まれることで起業した方が成功しやすいものです。

例えば飲み会の幹事を任されやすい人はマメでお金の管理がきっちりしていそうな人に見られているということです。間違っても時間にルーズで忘れっぽい人には頼みたいと誰も思いません。また人を集めてほしいとお願いされやすい人は人脈があって、気軽にいろんな人に口コミしてくれそうな人だと周りに思われています。周りの人にとってありがたいあなたの強みはキャラ作りにとってプラスになります。

「ライスワーク」と「ライクワーク」という考え方があります。

ライスワークとは生活のために働く仕事であり、ライクワークとは自分が得意で好きな仕事です。会社員から起業する際、好きな仕事で起業して成功したいと考える方が多いようですが、軌道に乗るまで時間がかかりますし、軌道に乗るまでに起業資金が底をつき、また仕方なく会社員に戻る方も結構います。

起業が軌道に乗るまで、自分が得意で好きな仕事で軌道に乗せようと頑張るよりは、周りの人から頼まれる仕事を増やしていった方が短期間で軌道に乗せることができます。

ブランディングに関しても同じことが言えます。自分のもともと持っているベースタイプの特性ばかりアピールしても、周りの人やファンが求めているイメージであるキャラが違っていれば、そのアピールは逆効果になります。

周りの人が求めているあなたに期待する役割であるキャラを理解して、そのイメージに近づくことが、ファンを増やす最も近道の方法です。

ある相談に来た女性ですが、エステサロンに勤めていて、これから独立を考えていて起業する上でどんな方向性でやっていけばよいか相談に来られました。

ベースタイプは九紫火星タイプ。もともとモデル出身で華やかな世界で表に出ていくのが好きだったそうですが、人をきれいにすることに目覚め、エステの世界に入ったそうです。

鑑定したところ、五黄土星キャラを持っていることがわかりましたので、ダイエットしてもリバウンドしてしまう人に特化して、ダイエットドクターというコンセプトで痩せることができない人向けの解決のためのエステサロンとして、デトックスを促す腸もみマッサージや酵素や酵母、発酵食品などを活用した食生活の改善やサプリメントの提案を行う五黄土星キャラの特性を活かしたサロン展開を提案いたしました。

最初は都内の小さなマンションの一室で隠れ家エステサロンとして始めたそうですが、リバウンドしないという口コミで話題となり、お客様がお客様を呼んで、1人でやるには限界になるくらい繁盛するお店になりました。

ベースタイプである自分のもともと持っている能力を活かして起業したいと誰しも思いますが、周りからの期待に応えるキャラを活かした起業はファンが増え、人気になりやすいのです。

6 お店編：お客様やスタッフに愛されるお店づくりは店長のキャラで決まる

お店のファンが増えていくためには、スタッフやお客様を味方につけていくことがとても大事です。店長やオーナー１人の力だけで頑張ろうとしないで、スタッフや周りの人の力を借りることがとても大事になります。

お店のファンを増やすためには、お客様を集めてファンにしなければならないと考えがちですが、スタッフケアはおろそかにしがちです。お店のファンを増やすためには、まずスタッフをファンにしなければ、お客様がスタッフのファンになりません。

スタッフの活躍しやすい場づくりにはキャラが役に立ちます。ここでのキャラとは、スタッフやお客様が、店長であるあなたやお店に対して期待するイメージです。その期待を満たしていくことで、スタッフが店長やお店のファンになり、お店にお客様やファンが増えていきます。

応援してくれるお客様やスタッフがなってほしいと思う店長やオーナー像に近

一白水星キャラ	相談しやすい環境、リラックスできる安心できる場、スタッフ間が仲良くなれる場
二黒土星キャラ	裏方に徹してスタッフをサポートする、応援してもらえる場、元気をもらえる場、アドバイスをもらえる場
三碧木星キャラ	お店の集客・催し物イベントの企画や司会、店の看板娘、楽しめる場、新しいことを学べる場
四緑木星キャラ	癒しの場、旅行の幹事。温泉や居心地の良いカフェなど場所にこだわったコミュニティや交流会。スタッフ間の調整役
五黄土星キャラ	ほかの人がやりたがらないことを引き受ける、トラブル対応、クレーム処理スタッフの悩みを解決する
六白金星キャラ	チームを引っ張るリーダー、物事を決断する、仕事に集中して成果を出しやすい環境づくり
七赤金星キャラ	チームの盛り上げ役、飲み会の盛り上げ役、楽しい職場
八白土星キャラ	家庭のような安心感、宿の女将、後継ぎ、家業の二代目、家庭、おうちサロン
九紫火星キャラ	専門知識やスキルを学べる場、専門知識を相談できる場、最新トレンドを知る場、感性を磨く場

づき、お客様やファンの期待に応え続け行動し続けることで、より多くのファンから愛される存在になります。それによってお店がより成長し運気が開けてきます。

その上で、店長やオーナー自らがスタープレイヤーとなって、キャラを意識したキャラ立ちをして、情報発信をしながら露出していき、お客様やスタッフ候補の求職者を惹き付けていく必要があります。

店長やオーナーが、スタッフから求められる場づくりを意識しながら、お店の居心地を上げつつ、店長やオーナー自らが広告塔となって、お客様やファンからの求心力を高めていくことが、お店のファンを増やし、長く愛されるお店になる秘訣です。

第３部

ファンを増やす
タイプ別
コミュニケーション

第6章
ファン気学で考える アフターコロナ時代の人間関係

1 ファン気学で考えるアフターコロナ時代の人間関係

コロナウィルスによって、私たちの人間関係の在り方は大きく変わってきています。

テレワークが続き、家に夫や妻がいる時間が増えたり、学校の休校により、家に子供がいる時間が増えました。1日のうちに数時間ほどしか顔を合わせなかった家族が四六時中会っているとそれまで見えてこなかったものが見えてきます。おまけに社会や経済環境の激変により、家族がみんなストレス状態になり、いつもとは違った言動をしてしまう。残念ながら子供の虐待やDVも増えています。

またビジネスにおけるお客様との関係も変わりつつあります。

コロナ下でもさほど影響の少ない会社やお店を拝見していると、熱烈なファンのお客様、応援してくれるスポンサーのお客様が多くいる会社やお店はキープできているようです。

では家族や身近な人などプライベートの人間関係や、ビジネスにおけるお客様との人間関係を、どのように維持し深めていけばよいのでしょうか。

これはファン気学で考えると人間関係がラクになります。ファン気学では生まれた生年月日で人を9つの性格に分けて考えます。つまり9種類ごと、人はそれぞれ違うということ。

どのような性格か、どのようなことに関心・興味があるかがわかります。

すぐレスポンスしてほしい方もいれば、じっくり丁寧に対応してほしい人もいます。結果がすぐほしいという方もいれば、一緒に伴奏するコーチのように関わってほしい人もいます。また自分が正しいと思っても、相手はそう思わないことがあります。人それぞれ違う考えを持っていることがわかり、違ってもいいということがわかります。

大事なのは相手を知ろうとすることであり、相手に合わせた対応を意識し心がけることです。

そうすることであなたの周りにファンが増えてくるはずです。

ファン気学は人間理解の技術なのです。

2 アフターコロナで表に出てきてしまう自分の欠点を調整する

私は、ファン気学を知り、自分の弱みを知ることができて気分が楽になりました。

私の欠点と言えば、
・飽きっぽい
・感情のムラがある
・モチベーションの上がり下がりがある
・計画的にコツコツ仕事を行うことが苦手
・仕事の品質や細部にこだわりがち
・器用貧乏でそれぞれの専門性が薄い
などがありました。

弱みに関する考え方、対処の仕方にはいろいろあります。
・弱みを克服した方が人間的に成長できる

・弱みよりも強みを伸ばして、一芸に秀でた方が仕事が増える

ファン気学ではなぜ、強みよりも弱みに焦点を当てるのでしょうか。

自分の強みを意識しすぎると自分の力を過信してしまい、努力を怠ってしまいます。例えば、私の場合、昔は企画書の提出の締め切りの前日の夜に徹夜して、気分がハイになると良い企画書ができるからと、よく20代の頃は徹夜をしていたものです。

40代を過ぎるとさすがに体は無理がききません。1つくらいは無理して企画書を作ることができるでしょう。でも同時並行で何社もコンサルさせていただくようになると、若い頃のやり方では限界が来てしまいます。

最近はさすがに段取りを行い、企画書のアイデアも時間をかけて練ることができるようになりました。しかし自分はアイデアマンだと過信してしまうと才能におぼれて努力しないものです。

九星気学では自分の性格を強めすぎてしまう動きをすることを本命殺と言い、病気になりやすいと戒めています。自己中心的な活動をしすぎると結果的に自分の活動が止めるように自然環境が作用させてしまうという考えです。

私の場合、七赤金星タイプの特性である飽きっぽく気まぐれな自分を認識し、少しでもコツコツ仕事ができるように日々努力しています。

特にアフターコロナ時代においては自分の欠点が表に出てきやすくなりました。

オンライン上でのコミュニケーションが当たり前になると、実際に人と対面で会っているときは表面化しなかった自分の欠点が、オンライン上でのコミュニケーションでは無意識に出てきてしまいます。

例えば、自宅が散らかっている、オンライン飲み会での飲み方や自宅での格好など、対面では意識して気を付けていた仕草やふるまいができず、素の自分が出やすいものです。

またリモートでチームの仕事をする際には、実際に会っていた時には起こらな

かった問題が出てきて、より綿密な配慮が求められるようになりました。

また経済環境や置かれている状況が厳しくなり心理的ストレスの負荷がかかると、抑えきれなくなったお互いのネガティブな感情が噴出してしまい、人間関係を悪化させる対立を生み出してしまうことすらあります。落ち込む、激高する、攻撃的になる、抑圧的になるなどタイプによって反応はさまざまです。

自分の性格や欠点を理解することで、無意識に欠点を出さないように言動を調整できるようになります。

3 ベースタイプ別・アフターコロナ時代の人間関係 他のタイプとのつきあい方

アフターコロナ時代の ①一白水星タイプの他のタイプとのつきあい方

一白水星タイプは他のタイプの人とどのように仲良くしていけばよいか。

一白水星タイプの基本的な性格は

・相手に合わせる協調性がある気配り上手
・人と人との関係性を大事にする
・柔軟な性格で、周りの状況に応じて臨機応変に対応できる

という人が多いのが特徴です。

オンラインコミュニケーションで出てきやすい特徴として、もともと人との距離感や間合いを察知して、臨機応変に対応できるのが一白水星タイプの特徴であり、強みですが、リモートでの仕事をする際には、相手の距離感や間合いを察知しにくく、あれこれネガティブに考え込んでしまう傾向にあります。

ストレスが溜まってもストレスを表に出さないタイプなので知らず知らず疲れやストレスを溜め込みやすいです。もともと疲れやすく落ち込みやすい性格なので、突然キャパオーバーして倒れたり、ふさぎ込んでしまいます。温泉、アロマなど適度に疲れやストレスを発散できる趣味や方法を持っておくことが必要です。

一白水星タイプの人は気配り上手。
まずは自分の心を潤し、人々に潤いを与える接し方を心がけましょう。

タイプ別つきあい方

一白水星

相手のタイプ	つきあい方
一白水星タイプ	似たもの同士なので、相手が何を考えているか、相手の嫌なところも見えてしまいます。 相手の言動を見て、自分の悪い癖や欠点を振り返りましょう。 また一緒に美味しい食事を楽しんだり、森林浴をしたりして気分転換をしましょう。
二黒土星タイプ	二黒土星タイプは世話好きなので、ちょっと重たいと感じるかもしれません。 一白水星タイプの人が二黒土星タイプの人に気を使いすぎると疲れてしまうので、適度に受け流しましょう。
三碧木星タイプ	前しか見ていない三碧木星タイプの人を横から、後ろからモレをサポートする気配りが大切です。 また三碧木星タイプの人をほめて、やる気にさせると喜ばれるはず。
四緑木星タイプ	慎重でマイペースな四緑木星タイプの人の動きを待ってあげる余裕が大切です。 また誰とでも仲良くなる社交的な四緑木星タイプの人に広い心で接する余裕が大切です。
五黄土星タイプ	我が道を行く強引な五黄土星タイプの人に振り回されやすく、一白水星タイプが疲れてしまいがち。 少し距離を置きつつ、ビジネスライクにつきあったほうがお互いのためです。
六白金星タイプ	責任感がありリーダーシップもある六白金星タイプ。何か困ったことがあったら相談するよいでしょう。
七赤金星タイプ	危機を危機と思わない脳天気な七赤金星タイプ。 愚痴りたいことがあったら話を聞いてくれ共感してくれるので気が晴れるはず。
八白土星タイプ	相手の状況を考えず、自分の主張をしてくる八白土星タイプ。 できることとできないことを切り分けて、ノーと言うべき時はノーと言いましょう。
九紫火星タイプ	繊細で傷つきやすい九紫火星タイプ。 一白水星タイプが感情的に批判するとめげてしまいやすいので、何か注意する時は一呼吸おいて心を落ち着かせてからにしましょう。

アフターコロナ時代の

②二黒土星タイプの他のタイプとのつきあい方

二黒土星タイプは他のタイプの人とどのように仲良くしていけばよいか。

二黒土星タイプの基本的な性格は

・世話好きで面倒見が良くマメ
・人をやる気にさせる力がある
・勤勉でまじめな性格で、地道な行動力がある

という人が多いのが特徴です。

オンラインコミュニケーションで出てきやすい特徴として、もともと行動力で足で稼いで地道に成果を出していくことができるのが二黒土星タイプの特徴であり、強みですが、リモートで仕事をする際には、ずっと家にいると体が動かないので、アイデアを実行に移すまでに時間がかかる傾向があります。また世話好きで、おせっかいな性格が裏目に出て、相手の状況を読み切れずを一方的に叱ってしまうこともあります。

またストレスがたまると相手のことを考えずに強引に押しの一手で物事を進めがちになります。またいったんできた関係性が崩れることに対して不安になり、嫉妬深く感情的になったりします。体感覚が強い人が多いので、身体を動かす、スポーツをするなどしてストレスを発散させることが大事です。

二黒土星タイプは世話好き。
おせっかいも押し付けではなく、相手の顔色を見ながらやると効果大です。

タイプ別つきあい方

二黒土星

相手のタイプ	つきあい方
一白水星タイプ	二黒土星タイプは世話好きなので、いろいろおせっかいをしたくなります。 でも一白水星タイプの人がかえって気を使いすぎるので疲れてしまいます。 本当に必要な時だけサポートしてあげるだけでも十分喜ばれます。
二黒土星タイプ	似たもの同士なので、相手が何を考えているか、相手の嫌なところも見えてしまいます。相手の言動を見て、自分の悪い癖や欠点を振り返りましょう。 また一緒に美味しい食事を楽しんだり、デパートや映画館など行って気分転換をしましょう。
三碧木星タイプ	いつも積極的な三碧木星タイプにペースを乱されて振り回されてしまいがち。 三碧木星タイプの気分屋な性格で、親密になったり、疎遠になったりするシーソーのような関係性を楽しみましょう。
四緑木星タイプ	慎重でマイペースな四緑木星タイプにイライラしてしまいがち。 二黒土星タイプがイライラしても四緑木星タイプの人のペースは変えられないので、任せて待ちましょう。 またアートや美容など共通な趣味や話題で仲良くなりましょう。
五黄土星タイプ	積極的で力強い五黄土星タイプをサポートする立ち位置で二黒土星タイプが関われます。 何をやるにしてもパートナーシップが取りやすいです。 一緒にビジネスをするなり、家庭を築くなり良い関係になります。
六白金星タイプ	自分のビジネスのこと以外に興味を持ちにくい六白金星タイプ。 面倒をみたり世話をしたがる二黒土星タイプを六白金星タイプはありがたいと思うはずです。
七赤金星タイプ	もともとめんどくさがりで甘えん坊の七赤金星タイプ。 面倒をみたり世話をしたがる二黒土星タイプを七赤金星タイプはなくてはならない存在と思うはずです。
八白土星タイプ	二黒土星タイプと八白土星タイプはお互い真面目で地道な努力が好きな人同士です。 一緒にビジネスをするなり、家庭を築くなり良い関係になります。
九紫火星タイプ	いつも華やかで感性あふれる新しいアイデアもあふれる九紫火星タイプ。良い刺激を受けていろいろ教えてもらうとよいでしょう。

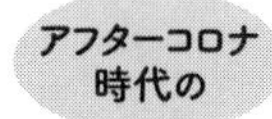

③三碧木星タイプの他のタイプとのつきあい方

三碧木星タイプは他のタイプの人とどのように仲良くしていけばよいか。

三碧木星タイプの基本的な性格は

・明るく、元気で、常に積極的
・話すのがうまい
・新商品や新しい技術を追っかけるのが得意

という人が多いのが特徴です。

オンラインコミュニケーションで出てきやすい特徴として、もともと話がうまく、元気で積極的なのが三碧木星タイプの特徴であり、強みですが、リモートで仕事をする際には、相手の反応がわかりづらいので、実際に会う時以上に早口になったり、テンションが上がる傾向があります。また目の前の仕事に集中しすぎてオンライン会議が始まったことをを忘れてしまうこともあります。

またストレスがたまると短気になりすぐカチンときて口論になります。またわがままで人の意見を聞かず自分勝手な言動を取りがちです。ただすぐストレスも発散しやすく、後には残さない性格なので、自分の好きなことをやったり気分転換の方法を身につけておけばすぐけろっと忘れやすいです。

三碧木星タイプはいつも明るくいつも前向き。
相手に合わせて明るさを調節できるようになりましょう。

三碧木星

タイプ別つきあい方

相手のタイプ	つきあい方
一白水星タイプ	その時その時の状況に柔軟に対応してくれるので、頼りになります。困ったときには相談するとよいでしょう。
二黒土星タイプ	慎重で不器用な二黒土星タイプ。三碧木星タイプが感情に任せて行動してもついてくることができません。一方的に前に進めるのではなく、しっかり順序だてて説明してあげるとよいでしょう。
三碧木星タイプ	似たもの同士なので、相手が何を考えているか、相手の嫌なところも見えてしまいます。相手の言動を見て、自分の悪い癖や欠点を振り返りましょう。 また一緒にお酒を飲んだり、デパートや映画館など行って気分転換をしましょう。
四緑木星タイプ	四緑木星タイプは人当たりが良く、相手に合わせるタイプなので、三碧木星タイプが積極的に前に進めてもついてきてくれるでしょう。
五黄土星タイプ	五黄土星タイプは束縛が強く、いろいろな要求をしがちなので、三碧木星タイプがだんだん不自由さに耐えられなくなります。適度な距離感が長いつきあいには大事です。
六白金星タイプ	戦略的でリーダーシップもある六白金星タイプの言動を上から目線と感じてカチンと来やすい三碧木星タイプですが、言われる時は三碧木星タイプ自身が突っ走っている時。 六白金星タイプの意見を信じて冷静に行動しましょう。
七赤金星タイプ	三碧木星タイプも七赤金星タイプもお互い気分屋さん。 三碧木星タイプは何かあってもコロッと忘れますが、七赤金星タイプは根に持つタイプ。 柔軟に対応して歩み寄って七赤金星タイプの人に甘えてみると七赤金星タイプの人も態度が和らかくなるでしょう。
八白土星タイプ	地味で一歩ずつ着実に物事を進めたい八白土星タイプの人にすぐ動きたい三碧木星タイプはイライラしてしまいがち。 イライラするとお互い疲れてしまいます。適度につかず離れずの関係でいるとお互い楽なはず。
九紫火星タイプ	感情のアップダウンが激しい九紫火星タイプ。メンタルが落ちた時に持ち前の明るさで励ましてあげるとよいでしょう。

アフターコロナ時代の

④四緑木星タイプの他のタイプとのつきあい方

四緑木星タイプは他のタイプの人とどのように仲良くしていけばよいか。

四緑木星タイプの基本的な性格は

・人間関係を大事にして協調性がある
・自分の仕事の姿勢ややり方が確立されている
・波風を立てない穏やかな性格

という人が多いのが特徴です。

オンラインコミュニケーションで出てきやすい特徴として、もともと協調性があり、周りの人の意見や反応を見ながら物事を進めていくことができるのが四緑木星タイプの特徴であり、強みですが、リモートで仕事をする際には、一人でパソコンの画面に向かっているので、周りの人の反応が肌感覚でわからず、反応を確認しながら物事を進めないと不安になる傾向があります。

ストレスがたまると小さなことにこだわり執着がちになります。また感情に流されすぎて思考が止まってしまい物事が全く動かなくなってしまいます。そんな時は仕事を離れて料理や家事をしたり、デパートなど街に出たりとオフィス、自宅などいつもいる場所から離れてみると視点が変わり、気分が変わります。

四緑木星タイプは風のように人々を和やかにしてくれる存在です。
ストレスを抱え込まないように時にはノーと言えるようになりましょう。

タイプ別つきあい方

四緑木星

相手のタイプ	つきあい方
一白水星タイプ	気配り上手の一白水星タイプ。一見ソフトですが、芯はしっかりしているので、悩んだ時には相談するとよいでしょう。親身になってアドバイスしてくれます。
二黒土星タイプ	慎重でまじめな二黒土星タイプ。社交的な四緑木星タイプから見ると真面目さが逆に面白くないと思うかもしれません。 お互いが興味の持てそうな美術館や映画館など行って感性を刺激しあったり、美容や占いの話で情報交換しましょう。
三碧木星タイプ	積極的でどんどん前向きに行動する三碧木星タイプの人に対して、四緑木星タイプが後ろからサポートすることで良い関係になります。
四緑木星タイプ	似たもの同士なので、相手が何を考えているか、相手の嫌なところも見えてしまいます。相手の言動を見て、自分の悪い癖や欠点を振り返りましょう。 また一緒にお酒を飲んだり、デパートや映画館など行って気分転換をしましょう。
五黄土星タイプ	五黄土星タイプは束縛が強く、強引なので、四緑木星タイプがだんだんストレスを感じるようになります。五黄土星タイプの人の専門能力は借りながら、適度な距離感が長いつきあいには大事です。
六白金星タイプ	ビジネスライクで正義感もある六白金星タイプの人の言動を攻撃されていると感じて恐れてしまいがちの四緑木星タイプ。 言われる時は四緑木星タイプが優柔不断で迷って動けなくなっている時。 六白金星タイプの人の意見を信じて一歩前に踏み出しましょう。
七赤金星タイプ	四緑木星タイプも七赤金星タイプの人もお互いお人よし。 七赤金星タイプの人は人に仕事を任せるのが得意なので、ノーと言えない四緑木星タイプは仕事を抱えてストレスを感じてしまうことも。 無理な時はしっかりヘルプの声をあげましょう。
八白土星タイプ	物事を穏便に済ませたい四緑木星タイプにとっては、周りと衝突してでも目標達成に進んでいく八白土星タイプの人は迷惑な存在と思うかもしれません。 八白土星タイプの人の地道な努力で培った専門性は頼りになるので、必要な時に力を借りましょう。
九紫火星タイプ	感情のアップダウンが激しい九紫火星タイプ。メンタルが落ちた時に持ち前の穏やかさで優しく接してあげるとよいでしょう。

⑤五黄土星タイプの他のタイプとのつきあい方

五黄土星タイプは他のタイプの人とどのように仲良くしていけばよいか。

五黄土星タイプの基本的な性格は

・いったん決めると腰を据えてやり責任感が強い
・面倒見が良く、親分肌
・軸がぶれず、押しが強い

という人が多いのが特徴です。

オンラインコミュニケーションで出てきやすい特徴として、もともとマイペースで押しが強いのが五黄土星タイプの特徴であり、強みですが、リモートで仕事をする際には、自分の素の強さがより出てきやすい傾向があります。またもともとあまり社交的ではないので、いつも以上に不愛想に見えてしまいがちになります。

ストレスがたまると強引に物事を進めようと周りに圧力をかけがちになります。また独占欲が強く、相手を束縛しがちになります。そんな時は、深呼吸して一息ついたり、ティータイムとしてコーヒーや甘いものを食べることでストレス発散できます。

五黄土星タイプは底力がある存在です。
一歩後ろに引いたところから周りをサポートしてあげるとより頼られる存在になるはず。

タイプ別つきあい方

五黄土星

相手のタイプ	つきあい方
一白水星タイプ	五黄土星タイプは押しが強いので、一白水星タイプの人が合わせようとしてかえって気を疲れしてしまいます。あまり相手に完璧を求めないようにすると一白水星タイプの人がプレッシャーを感じないで関係が続きます。飲み会を開いて仲良くしましょう。
二黒土星タイプ	積極的で力強い五黄土星タイプをサポートする立ち位置で二黒土星タイプの人が関われるので何をやるにしてもパートナーシップが取りやすいです。一緒にビジネスをするなり、家庭を築くなり良い関係になります。
三碧木星タイプ	いつも積極的な三碧木星タイプの人にペースを乱されて振り回されてしまいがち。三碧木星タイプの人の気分屋な性格で、親密になったり、疎遠になったりします。無理して合わせず、適度な距離を維持し必要な時に新しい情報を教えてもらいましょう。
四緑木星タイプ	四緑木星タイプの人は優柔不断で決めることができないので、五黄土星タイプが決めてあげるだけで、関係は良くなります。 五黄土星タイプの専門性を武器に問題を解決してあげましょう。
五黄土星タイプ	似たもの同士なので、相手が何を考えているか、相手の嫌なところも見えてしまいます。相手の言動を見て、自分の悪い癖や欠点を振り返りましょう。 また一緒に美味しい食事を楽しんだり、デパートや映画館など行って気分転換をしましょう。
六白金星タイプ	お互い気が強い五黄土星タイプと六白金星タイプ。決断力も行動力もある六白金星タイプなので、五黄土星タイプが譲ってあげると物事がうまく前に進みます。
七赤金星タイプ	明るく社交的で楽しいことが好きな七赤金星タイプ。真面目で嫉妬深い五黄土星タイプは七赤金星タイプの行動にメラメラするかもしれません。 でも表向き派手な七赤金星タイプですが根は真面目なので心配しないで見守ると良い関係が築けます。
八白土星タイプ	五黄土星タイプと八白土星タイプはお互い真面目で地道な努力が好きな人同士です。 仲良くなるまで時間はかかりますが焦らずじっくり関係を深めてくれるでしょう。 一緒にビジネスをするなり、家庭を築くなり良い関係になります。
九紫火星タイプ	明るくて感性豊かな九紫火星タイプ。斬新なアイデアに刺激を受けていろいろ教えてもらうとよいでしょう。

アフターコロナ
時代の

⑥六白金星タイプの他のタイプとのつきあい方

六白金星タイプは他のタイプの人とどのように仲良くしていけばよいか。

六白金星タイプの基本的な性格は

・積極的で、責任感がある
・頭脳明晰で合理的に物事を判断できる
・決断力がある

という人が多いのが特徴です。

オンラインコミュニケーションで出てきやすい特徴として、もともと合理的でビジネスライクのが六白金星タイプの特徴であり、強みですが、リモートでの仕事をする際には、無駄話をせず用件だけ短時間にコミュニケーションを取る傾向があります。またデータ、数字など仕事の成果をより求める傾向があります。

ストレスがたまるとイライラして、あれやれこれやれと周りに命令口調になります。また周りを置き去りにして独断で強引に物事を進めようとします。そんな時は、水を飲む、塩風呂に入る、温泉に入る、酒を飲むなど特に水のエネルギーを体に取り込むことで不要なエネルギーを流すことができます。

六白金星タイプは責任感にあふれています。
時には相手に任せたほうが全体でより大きな成果が得られます。

タイプ別つきあい方

六白金星

相手のタイプ	つきあい方
一白水星タイプ	柔軟で誰とでも仲良くつきあうことができる一白水星タイプ。 六白金星タイプがリーダーシップを発揮して引っ張っていくと良い信頼関係を築くことができます。
二黒土星タイプ	サポート役として陰でバックアップしてくれる二黒土星タイプ。 六白金星タイプが決断して前に進んでいく上で、とても大切な存在です。 力を借りて理想に向かって進んでいきましょう。
三碧木星タイプ	気まぐれで、感性のままにつき進む三碧木星タイプ。 完璧を求める六白金星タイプとけんかになることもあるかもしれません。 少々の気まぐれ、少々のミスは大目に見て水に流してあげた方が、三碧木星タイプは自由に行動できるはず。
四緑木星タイプ	優柔不断でマイペースな四緑木星タイプ。決断力があって行動力もある六白金星タイプからすると時間がかかってイライラすることがあるかもしれません。四緑木星タイプのペースに合わせてあげて待ってあげることで信頼関係が深まっていきます。
五黄土星タイプ	六白金星タイプも五黄土星タイプも強い性格です。主導権争いのために言い争いになることもあります。六白金星タイプが五黄土星タイプを立てて、お願いすると喜んで五黄土星タイプが動いてくれるはずです。
六白金星タイプ	似たもの同士なので、相手が何を考えているか、相手の嫌なところも見えてしまいます。相手の言動を見て、自分の悪い癖や欠点を振り返りましょう。 また一緒に自宅で食事を作ったり、温泉に泊まったりして気分転換をしましょう。
七赤金星タイプ	表向き毒舌でいい加減に見える七赤金星タイプですが根は真面目。六白金星タイプがリーダーシップを発揮して引っ張っていくと、後ろからしっかりサポートしてくれます。共通の目標を決めて一緒に努力していくと良い関係になります。
八白土星タイプ	真面目で地道な努力をする八白土星タイプ。頑固さも人一倍です。六白金星タイプが冷静な判断をしても八白土星タイプが譲らない時は早めに折れた方が楽です。任せて気が済むまでやらせてあげた方が八白土星タイプは力を発揮します。
九紫火星タイプ	頭脳明晰の九紫火星タイプは色んなところに目が届きます。細かいところまで気になってあれこれ指摘されるとスピード・結果重視の六白金星は頭に来がちです。 あまり感情的にならずに淡々と処理していく器量が大事です。

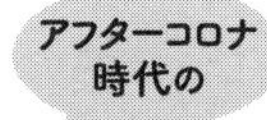

⑦七赤金星タイプの他のタイプとのつきあい方

七赤金星タイプは他のタイプの人とどのように仲良くしていけばよいか。

七赤金星タイプの基本的な性格は

・明るく、社交的でお茶目
・周りの人から可愛がられる
・人あたりが良く、面倒見も良い

という人が多いのが特徴です。

オンラインコミュニケーションで出てきやすい特徴として、もともと社交的で人に可愛がられやすいのが七赤金星タイプの特徴であり、強みですが、リモートでの仕事をする際には、めんどくさがってあまり格好を気にしなくなる傾向があります。また実際に人に会うより緊張感が薄れるのでふるまいがだらしなくなりがちです。

ストレスがたまると人の悪口を言ったり、毒舌を吐いて人を傷つけたりしがちです。また神経質なので小さなことで落ち込み、後まで尾を引いてクヨクヨしがちです。そんな時は家の中を掃除して、いらないものを断捨離してすっきりすると気分が晴れます。

七赤金星タイプは気さくでざっくばらんです。
しかし悪口でガス抜きしないよう、ストレスの発散方法を実践しましょう。

タイプ別つきあい方

七赤金星

相手のタイプ	つきあい方
一白水星タイプ	柔軟で誰とでも仲良くつきあうことができる一白水星タイプですが、時にはめげてしまう時も。七赤金星タイプが明るく励ましてあげると信頼されるはずです。
二黒土星タイプ	サポート役として陰でバックアップしてくれる二黒土星タイプ。飽きっぽくめんどくさがりの七赤金星タイプを陰で粘り強くコツコツ支えてくれます。金使いも荒い七赤金星タイプの財布もしっかり握ってくれるはず。お金の事は二黒土星タイプに任せましょう。
三碧木星タイプ	せっかちで短気な三碧木星タイプ。めんどくさがりの七赤金星タイプとけんかになることもあるかもしれません。早いのが好きな三碧木星タイプに任せた方が七赤金星タイプは気が楽です。成り行きに任せた方がうまくいくはずです。
四緑木星タイプ	優柔不断でマイペースな四緑木星タイプ。頭の回転が速い七赤金星タイプからすると時間がかかってイライラすることがあるかもしれません。四緑木星タイプのペースに合わせてあげて待ってあげることで信頼関係が深まっていきます。
五黄土星タイプ	リーダーシップと人情味あふれる五黄土星タイプ。 自ら矢面に立ちたくない七赤金星タイプからは頼もしい存在です。 しっかり甘えてお願いすると喜んで五黄土星タイプが動いてくれるはずです。
六白金星タイプ	めんどくさがりの七赤金星タイプ。六白金星タイプの人は責任感があって実行力もあります。お互い反対のようでも、金性という共通の価値観があるので、実際はお互い楽なはず。六白金星タイプに決めてもらいましょう。
七赤金星タイプ	似たもの同士なので、相手が何を考えているか、相手の嫌なところも見えてしまいます。相手の言動を見て、自分の悪い癖や欠点を振り返りましょう。 また一緒に自宅で食事を作ったり、温泉に泊まったりして気分転換をしましょう。
八白土星タイプ	真面目で地道な努力をする八白土星タイプ。 七赤金星タイプが飽きっぽいのでコツコツ努力する八白土星タイプの人を見習うと成長できます。八白土星タイプがこだわる部分に成長のヒントがあります。
九紫火星タイプ	感性が鋭く繊細な九紫火星タイプ。七赤金星タイプの何気ない一言が相手を傷つけてしまうことがあります。七赤金星タイプは意外に毒舌で言葉が悪いので気を付けましょう。九紫火星タイプを立てて、一歩引いて裏からサポートした方がお互いうまくいきます。

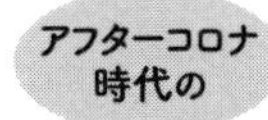

⑧八白土星タイプの他のタイプとのつきあい方

八白土星タイプは他のタイプの人とどのように仲良くしていけばよいか。

八白土星タイプの基本的な性格は

・落ち着いて慎重に物事を判断できる
・地道にコツコツ積み上げていく力がある
・人情が厚く、面倒見が良い

という人が多いのが特徴です。

オンラインコミュニケーションで出てきやすい特徴として、もともと落ち着いて慎重に物事を進めていくことが八白土星タイプの特徴であり、強みですが、リモートでの仕事をする際には、真面目過ぎて顔が怖くなる傾向があります。また、雑談なく用件を淡々と進めていくので、ビジネスライクな関係になりがちです。

ストレスがたまると相手を理詰めで追い詰めていきがちです。また頑なになり自分の意見を妥協しないで押し通そうとしがちになります。またストレスをため込んで最後に爆発させてしまいます。ストレスが溜まった時は展望台、高層ビルなど見晴らしの良いところに行くと、気分が晴れ心に余裕が生まれます。

八白土星タイプは慎重ですが頑固。
相手に合わせて柔軟に自己主張できるとうまくいきます。

タイプ別つきあい方

八白土星

相手のタイプ	つきあい方
一白水星タイプ	社交的で、周りの空気を読みながら人間関係を深めていく一白水星タイプは、様子を見ながら慎重に物事を進めていく八白土星タイプから見ると、安心感が持てないかもしれません。腹を割って話せる関係になるために飲み会を開いて仲良くしましょう。
二黒土星タイプ	どちらも地道にコツコツ努力するタイプ。仲良くなるのに時間がかかりますが、大丈夫。何をやるにしてもパートナーシップが取りやすいです。八白土星タイプから徐々にアプローチしていけば、二黒土星タイプも安心してついてきてくれます。
三碧木星タイプ	慎重にコツコツ進めたい八白土星タイプですが、いつも積極的な三碧木星タイプにペースを乱されて振り回されてしまいがち。三碧木星タイプの気分屋な性格で、親密になったり、疎遠になったりします。無理して合わせず、適度な距離を維持し必要な時に新しい情報を教えてもらいましょう。
四緑木星タイプ	四緑木星タイプの人は相手に合わせながら多くの関係者と調整して、良い落としどころにもっていくのが得意ですが、八白土星タイプが頑固に自分の意見を押し通すと後でもめます。八白土星タイプは自分の意見を手放して四緑木星タイプの社交性に任せた方がうまくいきます。
五黄土星タイプ	積極的で力強い五黄土星タイプを八白土星タイプがサポートすることでパートナーシップが取りやすいです。八白土星タイプが自分の意見にこだわらず、成果が出るように五黄土星タイプに割り切って任せた方がうまく行きます。
六白金星タイプ	積極的に行動する六白金星タイプ。八白土星タイプが後ろから地道にサポートすることで六白金星タイプはありがたいと思うはずです。共通の目標に向かって一緒に進んでいきましょう。
七赤金星タイプ	七赤金星タイプの人は気が多く、注意力が散漫なのでミスも多いです。慎重で計画立てて物事を進める八白土星タイプを七赤金星タイプはなくてはならない存在と思うはずです。
八白土星タイプ	似たもの同士なので、相手が何を考えているか、相手の嫌なところも見えてしまいます。相手の言動を見て、自分の悪い癖や欠点を振り返りましょう。また一緒に美味しい食事を楽しんだり、スポーツ観戦など行って気分転換をしましょう。
九紫火星タイプ	いつも華やかで感性あふれる新しいアイデアもあふれる九紫火星タイプ。良い刺激を受けていろいろ教えてもらうとよいでしょう。新しい目標ができるはずです。

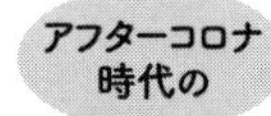

⑨九紫火星タイプの他のタイプとのつきあい方

九紫火星タイプは他のタイプの人とどのように仲良くしていけばよいか。

九紫火星タイプの基本的な性格は

・頭の回転が速く将来を見通す力がある
・器用でなんでもそつなくこなせる
・美的センスと感性に優れている

という人が多いのが特徴です。

オンラインコミュニケーションで出てきやすい特徴として、もともと頭の回転が速く、アイデアがどんどんわきやすいことが九紫火星タイプの特徴であり、強みですが、リモートでの仕事をする際には、思いついたら話す感覚的な話し方になり、感情のアップダウン、声の抑揚の上がり下がりが出やすい傾向があります。

ストレスがたまるとライバル心をむき出しにして相手を攻撃しがちになります。また怒りっぽくなったり、落ち込みやすくなったりと感情のアップダウンが激しくなります。もともとストレスには弱い傾向なので、ストレッチ、ヨガ、マッサージなど心や気分をほぐす習慣を日常生活で作るようにすると気分の揺れが少なくなります。

九紫火星タイプは激しく切れ味も鋭いです。
その激しさを自らをコントロールすることで他の星の方ともうまくいけるはずです。

九紫火星

タイプ別つきあい方

相手のタイプ	つきあい方
一白水星タイプ	いつもクールで柔軟に相手に合わせて対応できる一白水星タイプ。情熱的な九紫火星タイプからすると、さっぱりして味気ないと感じる時は九紫火星タイプが必要以上にアツくなりすぎている時。頭を冷やし、柔らかくして前向きに行動しましょう。
二黒土星タイプ	サポート役として陰でバックアップしてくれる二黒土星タイプ。 九紫火星タイプが情熱的に前に進んでいく上で、とても大切な存在です。 燃え尽きた時はフォローしてもらいましょう。
三碧木星タイプ	積極的でどんどん前向きに行動する三碧木星タイプ。頭の回転の速い九紫火星タイプは機転の利いた対応が取れるので相性がバツグン。九紫火星タイプが先を読んだアドバイスをして三碧木星タイプに行動はお任せしましょう。
四緑木星タイプ	優柔不断で決められない四緑木星タイプを九紫火星タイプの持ち前の発想力とアイデアでサポートしてあげるとうまく行きます。社交的な四緑木星タイプの人のネットワークは九紫火星タイプの認知度を上げてくれずはず。大いに力を借りましょう。
五黄土星タイプ	感性で考え飽きっぽい九紫火星タイプにとって積極的で力強く目標に向かっていく五黄土星タイプの人はとても心強いと思うはず。九紫火星タイプの持ち前のアイデア力を五黄土星タイプの実現力を借りて物事を進めていきましょう。
六白金星タイプ	リーダーシップがありプライドも高い六白金星タイプ。九紫火星タイプが感性のまま直情的に動いくと六白金星タイプは警戒してしまいます。共通の目標に向かって一緒のペースで歩んでいく姿勢がお互い歩み寄る近道です。
七赤金星タイプ	七赤金星タイプは神経質で繊細なので九紫火星さんが感情的になると傷つきやすいです。七赤金星タイプは見た目いい加減なので、理性的な九紫火星タイプからすると頭に来るところもあるはずです。段取りを立てさせ、計画通り物事が進んでいるときは大目に見ましょう。
八白土星タイプ	真面目でコツコツ努力をする八白土星タイプ。九紫火星タイプの機転が利くアイデアを計画して実行してくれる頼もしい存在です。九紫火星タイプの明るさと華やかさは八白土星タイプのあこがれるところなので仲良くできるはず。
九紫火星タイプ	似たもの同士なので、相手が何を考えているか、相手の嫌なところも見えてしまいます。相手の言動を見て、自分の悪い癖や欠点を振り返りましょう。また一緒に旅行に行ったり、家庭菜園で野菜作りなど行って気分転換をしましょう。

第7章
仕事の人間関係にも使えるファン気学

1　苦手な人ともうまくコミュニケーションを取れるファン気学

ファン気学を仕事上の人間関係やコミュニケーションでも使っていくことができます。相手がどのような性格の人か、どのようなことに関心・興味があるかを知ることはファン作りに生かしていく上でもとても大事です。

例えば連絡をしたらすぐレスポンスしてほしい方もいれば、じっくり丁寧に対応してほしい人もいます。また何か仕事の依頼をする時に結果がすぐほしいという方もいれば、自分自身が動き出すのを待ってくれて、一緒に伴奏してくれるコーチのような関わり方をしてほしい方もいます。

相手に合わせた対応を意識し心がけることで、周りの人に喜ばれ、ファンが増えていきます。

自分にとってやりやすいコミュニケーションの方法であっても、相手はそう思わないことがよくあります。

自分が良かれと思っておせっかいを焼いたら、本当は放っておいてほしかった。

相手がじっくり動くのを待ってあげたら、本当は構ってほしかった。

タイプごと、人それぞれ違う考えを持っていることがわかり、違ってもいいということがわかるので、よりコミュニケーションが円滑に進むようになります。

相性占いの感覚で性格に分類する術を知ると、よくあるのが

「あの人は六白金星だから○○」みたいに人を決めつけてしまったり、「私は七赤金星だからしょうがないよね」と自分自身をあきらめてしまいがちになることです。

しかし大事なのは相手を知ろうと相手に関心をもつことであり、相手に合わせ対応していく力を磨いていくことです。相手に合わせる対応力を身に着ける上でファン気学は役立ちます。

また、ファン気学では、「絶対に合わない人」というのは、いません。

タイプの特徴がわかりそれを意識していくだけで、しっかりつきあうことができるようになります。

2　コミュニケーションスタイルは、グループによって違う

未来志向グループ、現実志向グループ、人間関係志向グループの3つに分けてそれぞれのグループのコミュニケーションスタイルをご紹介していきます。

①未来志向グループ：スピード重視で結果重視（三碧木星タイプ・六白金星タイプ・九紫火星タイプ）

明るく、元気で、常に積極的で、前進することが大好きなグループです。

いつも未来を見ていて、そのヴィジョンに向かって進むことで仕事を進めていくのが得意です。

このグループの方とのコミュニケーションはスピード重視。レスポンスも仕事も早い方が好まれます。

直観力に優れている方々なので、アイデアを思いついたらすぐ行動しますし、行動したいタイプです。周りの人を気にせずどんどん前に進んでいくことがあるので、じっくり準備して質の高いアウトプットを作り込んでいると遅いとクレームが来ます。

まずクイックレスポンスをして、ブラッシュアップしていった方が喜ばれます。

また仕事も結果を重視します。

目に見えやすい成果や具体的な数字があった方がわかりやすく、納得いただけやすい方々です。

監修の増田が未来志向グループでスピード重視、結果重視のコミュニケーションスタイルなので、私も一緒に仕事をし始めてから相当鍛えられました。
「うちのような中小企業に頼む会社はクイックレスポンス、スピード命だ。あなたがいいというレベルを相手が望んでいるとは限らない。相手の経営者が何を望んでいるかわからないから、アウトプットを作り込むな！」とさんざん叱られました。私は上場企業出身できちっとしたものを作り込んで高品質のサービスを提供しないとお客様に満足いただけないと思い込んでいましたので、経営者がスピードを重視していることには驚きました。

人にはそれぞれコミュニケーションのスタイルが違うということを知るだけで、相当楽になります。違うからこそ相手に合わせていくことでより深い人間関係を築いていくことができます。

②現実志向グループ：地味だけどコツコツ努力して成功（二黒土星タイプ・五黄土星タイプ・八白土星タイプ）

着実に、一歩一歩、ゆっくりでも確実にやっていくと成果が出やすいグループです。
このグループの方とのコミュニケーションは未来志向グループとは正反対です。
待ってあげる必要があります。自分自身のペースがあり、かつ未来志向グループよりもゆっくりです。そしてレスポンスは正確さを求めます。
仕事も結果よりもそのプロセスを重視します。慎重で念入りの調査をして、計画を立てて段取りをしっかり準備した上で、石橋をたたいてから渡るタイプです。
準備に時間をかけるグループなので、スケジュール管理が大事になります。
トライアンドエラーで道なき道を開拓していく未来志向グループとは違い、確実で着実に進んでいる感覚が大事です。安心できるように後ろからサポートしてあげる必要があります。

リーダーシップを取って先頭を走る未来志向グループとは違い、あまり目立たず、リスクを取らず臨機応変の対応が得意ではありません。しかし、仕事のルール化や仕組み化はとても得意です。

会社のナンバー２や後継者に向くタイプです。

私はもともと始めたことを続けることが苦手ではありましたが、現実志向グループの持つコツコツ力が私の成長の秘訣なので、コツコツ続ける習慣が身に着くように日々努めています。

足りない才能を身に着ける、その努力の方向性もファン気学は示してくれます。

③人間関係志向グループ：人間関係重視、モチベーション重視（一白水星タイプ・四緑木星タイプ・七赤金星タイプ）

相手に合わせる、優しい、協調性がある、まさに人と人との関係性を大事にするグループです。

このグループの方とのコミュニケーションは優しく相手に合わせた対応が望まれます。

その時その時の気分が変わりやすいので、すぐ対応すべきか、丁寧に対応すべきか相手の状況を見極める必要があります。そしてレスポンスはハイタッチなコミュニケーションが喜ばれます。

仕事も結果よりもプロセスよりも相手がどれだけ寄り添ってくれたかを重視します。

また気分屋なところがあるので、モチベーションが高い時はがんがん仕事を進めますが、モチベーションが低い時は仕事が止まりがちになります。

しっかりタスク管理と納期管理を行いながら、綿密なケアが必要になります。

また人に任せるのが好きなグループなので、仕事を受け、しっかりこなしていくとより信頼され、頼りにされてきます。

私自身がこのグループなので、このグループの感覚はよくわかります。

意識しないと好きなことしかしないので、カレンダーやタスク管理を駆使しながら日々こなすように努めています。自分自身の良いところも、悪いところも受け止め生きていく。

そう納得させてくれるのもファン気学の面白いところです。

3 時間の流れ方もグループによって違う

自分とは違うコミュニケーションの取り方や仕事の進め方をする人と一緒に仕事を進めていく上で最も問題になりやすいのが、時間に対する認識の違いです。

未来志向グループの三碧木星タイプ、六白金星タイプ、九紫火星タイプはスピード重視で結果重視です。その中でも特に三碧木星タイプはスピード第一主義。早ければ早いほど喜ばれます。六白金星タイプは結果重視主義、合理的に決断するまでは時間がかかりますが、決断したら行動はすぐに行い結果を求めてから動きは速いです。九紫火星タイプは直感主義。感性の扉が開いたら芸術家のように心の赴くままに専門性をどんどん掘り下げていく力が強いです。

現実志向グループの二黒土星タイプ、五黄土星タイプ、八白土星タイプは慎重でコツコツステップアップしていくグループです。その中でも特に二黒土星タイプは準備第一主義。下準備をすることそのものが大好きな方です。そのため、仕事のスピードよりも質を大事にしがちです。五黄土星タイプはゴーイングマイウェイ主義。マイペースであまり相手や周りのスピードを気にすることができません。じっくり考え納得しないと行動には移さない方なので最初の段階でしっかり説明しわかってもらわないと動いてもらえません。そのため説明には時間をかけなければいけません。八白土星タイプはコツコツ主義。慎重でコツコツ努力を積み上げていくタイプ。コツコツ動きながら仕事のゴールに向かっていくので、行動をじっくり待ってあげる必要があります。

人間関係志向グループの一白水星タイプ、四緑木星タイプ、七赤金星タイプは相手や周りの反応や自分のやる気でスピードが変わります。その中でも特に一白水星タイプは人間関係第一主義。相手との人間関係ができていないと仕事を後回しにされたり、すぐにやってもらえない場合が多いです。デリケートでガードが堅い方が多いですが、いったん仲良くなるとべったり頼られるようになります。四緑木星タイプはこだわり第一主義。自分のこだわりが強い方なので、こだわりを突き詰めすぎて、仕事のスピードよりも品質をより良いものにしようという思いが強いです。結果仕事のスピードは遅くなりがちです。七赤金星タイプは好き嫌い第一主義。好き嫌いが激しいので、自分の好きなことはすぐやりますが、嫌いなことにはすぐ手をつけることが苦手です。期限ぎりぎりになってから出ないと手がつけられません。

タイプによって、時間に対する考え方が違うとわかれば、相手に合わせてすぐ対応してあげたり、待ってあげたりすることができますし、イライラもしません。ぜひ相手に合わせた対応を心掛けてみてください。

4　一緒に仕事をしにくい人を一緒に仕事をしやすい人にする

仕事をしていると、一緒に仕事をしやすい人、一緒に仕事をしにくい人が出てくるものです。

一緒に仕事をしやすい人はどんな人でしょうか。

言わなくてもわかってくれる、コミュニケーションがとりやすい。仕事のスピード感が一緒など挙げられます。

コミュニケーションスタイルの同じグループの同士では仕事に関して同じ価値観で動いていますので、一緒に仕事がしやすいはずです。

未来志向グループの三碧木星タイプ、六白金星タイプ、九紫火星タイプはスピード重視で結果重視です。仕事の質よりもスピードを重視しますし、仕事の段取りやプロセスよりも成果を重視します。

現実志向グループの二黒土星タイプ、五黄土星タイプ、八白土星タイプはスピードよりも質を重視し、結果よりも段取り、プロセスを重視します。

人間関係志向グループは一白水星タイプ、四緑木星タイプ、七赤金星タイプは仕事のスピードや質以上に相手や周りの反応を重視し、結果やプロセスよりもどれだけ気にかけてくれたか、相手を慮ったかを重視します。

一緒に仕事がしにくい人はどんな人でしょうか。
1から10まで言ってもわかってもらえない、コミュニケーションがとりづらい。仕事のペースが自分より遅すぎる（早すぎる）、あまりかまってもらえない、仕事の段取りをいちいち聞いてくるなど挙げられます。
コミュニケーションスタイルの違うグループの同士では仕事に関して違う価値観で動いていますので、お互い仕事に対する価値観が違うと意識しないと、一緒に仕事がしにくいと考えるようになります。

未来志向グループの三碧木星タイプ、六白金星タイプ、九紫火星タイプはスピード重視で結果重視です。現実志向グループのもつ、じっくり考え準備に時間をかけ、コツコツ段取り通りに仕事をしていく姿勢にイライラしがちです。また人間関係志向グループのように自分のやる気によって仕事のムラが出たりすると、仕事に対する責任感がないと思います。

現実志向グループの二黒土星タイプ、五黄土星タイプ、八白土星タイプは慎重でコツコツステップアップしていくグループです。未来志向グループにすぐ結果を求めてせかされると、心の準備と段取りができないので、戸惑ってしまいます。人間関係志向グループのように誰に対してもいい顔をして周りの人の意見によって言うことがコロコロ変わると信用できないと思うようになります。

人間関係志向グループは一白水星タイプ、四緑木星タイプ、七赤金星タイプは相手や周りの反応や自分のやる気でスピードが変わります。未来志向グループのように結果重視でビジネスライクに仕事を依頼されると面白みがないと考えますし、一緒に仕事をしたくないと思うようになるかもしれません。また現実志向グループのようにじっくり考え慎重になるがあまり、何度も何度も仕事の段取りの確認を求められるとめんどくさいと思うようになります。

ただ仕事が一緒にしにくい人というのは自分とは違う価値観で仕事をしているということを示してくれている人です。自分に持っていないものを持っていて、そのことを気づかせてくれる人です。違うコミュニケーションスタイルの人と向き合うことで、自分のこれまでの仕事の仕方を見つめなおすきっかけになります。その結果、一緒に仕事をしにくい人があなたにとって才能を伸ばすラッキーパーソンになっていきます。

5　自分に足りないところを他のグループの方とのチームプレイで補う

自分自身のコミュニケーションスタイルがわかるようになると、自分自身の性格や長所、そして足りないところがわかるようになります。生まれ持った性格に気づかず、自身の感情の赴くまま行動したり相手とコミュニケーションをしていても、行動範囲や人間関係は広がっていかないものです。

自分自身がもつ性格に加えて、他のグループが得意とするコミュニケーションスタイルにも対応できるようになると仕事の幅が広がり、より多くのチャンスをつかめるようになります。またより多くの人ともコラボできるようになるとより大きな仕事もこなせるようになります。

未来志向グループの三碧木星タイプ、六白金星タイプ、九紫火星タイプはスピード重視で結果重視です。しかし未来ばかり見ているので、現実志向グループのもつ、じっくり考えコツコツ努力を積み上げていく力はあまりありません。未来志向グループは方向性を示して、実働は現実志向グループにお願いするとチームで成果が倍増するはずです。また未来志向グループは結果を求めるあまり、周りの人間関係をおろそかにしがちなので、人間関係志向グループと協同し目標達成に向けて周りのファンやサポーターとの調整をお願いするとより多くの応援が得られやすいです。

現実志向グループの二黒土星タイプ、五黄土星タイプ、八白土星タイプは慎重でコツコツステップアップしていくグループです。

しかしながら現実ばかり見ているので、未来志向グループのもつ、現状を打破する目標を新たに作る力はあまりありません。仕事の行き詰まりを感じ、次の一手が見えない時には未来志向グループにアドバイスを求め、新たな方向性を示してもらうことも時には必要です。また現実志向グループは地味でまじめな方が多いので、面白みに欠ける方が多いです。人間関係志向グループと協働し、楽しくて面白いイベントや企画をしてもらうことで、周りのファンやサポーターを集めてもらうお願いするとより早く集客がしやすいです。

人間関係志向グループの一白水星タイプ、四緑木星タイプ、七赤金星タイプは、相手や周りの反応や自分のやる気でスピードが変わります。しかし自分の気分や、やる気次第で仕事のムラが出やすいので、自分自身が動けない時は、自分自身で仕事を抱えないで仕事のゴールを意識しビジネスライクに行動できる未来志向グループに仕事をお願いすることも時には大切です。現実志向グループのようにじっくり考えコツコツ努力を積み上げていく力はあまりありません。その場のノリで仕事を安請け合いしがちなので、現実志向グループの人と協同で仕事を進めていく上で段取りやどれくらいの時間がかかるかをスケジューリングしながらペース配分を考えてしっかり準備を進めていくようにすると仕事が直前でバタバタしません。

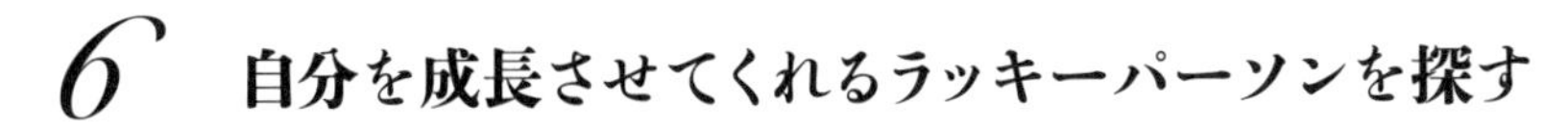

6 自分を成長させてくれるラッキーパーソンを探す

私たちが日ごろ接する人間関係には親子、同僚、上司部下、お友達、師匠、弟子などさまざまありますが、9つのベースタイプの中で、あなたを成長させてくれる人間関係がわかるようになります。親タイプ、子タイプ、友達タイプの3種類があります。それぞれみなさんのベースタイプを元に自分を成長させてくれるラッキーパーソンがわかります。

①親タイプ（親のような関係）

よく自分の師匠やメンターを探せという話を聞きますが、なかなか見つからないものです。

ファン気学では、自分の親にあたるラッキーエネルギーを持った方を簡単に見つけることができます。自分の目標になる方、生き方の模範を示してくれる方、知識やノウハウを提供してくれる方などさまざまあります。親タイプの人からいろいろ刺激を受けて糧にすると成長の足掛かりになります。

②子タイプ（子供のような関係）

自分の子供にあたるラッキーエネルギーを持った方もいます。

この場合、いろいろ相手のためにやってあげたり、面倒を見てあげたり、仕事に協力することで、結果的に自分自身が成長する関係性です。時としてめんどくさいと思ったり、時間を取られ手間だと感じますが、子タイプにあたる方に対して全力で向き合うことでぐんぐん実力がついていきます。

③友達タイプ（友達のようにわかり合える関係）

自分自身の友達にあたるラッキーエネルギーを持った方もいます。

この場合、お互い意思疎通しやすいのが特徴です。

1を言えば10をわかってくれるので、仕事など共同作業がしやすいのです。

人脈を広げてくれたり、新しいチャンスや仕事を紹介してくれたりと人間関係の幅が広がる関係性です。積極的につきあっていくことで、新たな世界が広がっていきます。

このタイプは全てのベースタイプにあるわけではありません。

その場合は親タイプ、子タイプの関係性を大事にしましょう。

親、子、友達のそれぞれのタイプは種類が違うだけでどれが一番というものはありません。

ぜひ自身のラッキーパーソンを探してみてください。

7　チームメンバーにお店や会社のファンになってもらう

チームで仕事をする時に、チームメンバーの生まれた生年月日がわかるとファン気学をもっと活用できるようになります。大きな会社の場合は、チームリーダーや店長の生年月日も必要になります。よくご相談をいただくのは、誰を店長やリーダーに昇進させたらよいか、誰を採用したらよいかなど人事採用に関するご相談です。

例えばどんなに良いアイデアを使っても、広告宣伝をたくさんしても集客がうまくいかない場合があります。その場合はリーダーの運気が下がっていたり、リーダーとチームメンバーとの相性が悪く意思疎通ができていない場合があるのです。

誰をリーダーにするか？は、社長との相性や、本人の運気を見て判断します。

また、人事異動の場合も、上司との相性なども重要になります。

意思疎通がうまく図れないということは、時間もお金も無駄に使ってしまうからです。

自分を成長させてくれるラッキーパーソン

自分のベースタイプ	親タイプ	子タイプ	友達タイプ
一白水星タイプ	六白金星タイプ 七赤金星タイプ	三碧木星タイプ 四緑木星タイプ	なし
二黒土星タイプ	九紫火星タイプ	六白金星タイプ 七赤金星タイプ	五黄土星タイプ 八白土星タイプ
三碧木星タイプ	一白水星タイプ	九紫火星タイプ	四緑木星タイプ
四緑木星タイプ	一白水星タイプ	九紫火星タイプ	三碧木星タイプ
五黄土星タイプ	九紫火星タイプ	六白金星タイプ 七赤金星タイプ	二黒土星タイプ 八白土星タイプ
六白金星タイプ	二黒土星タイプ 五黄土星タイプ 八白土星タイプ	一白水星タイプ	七赤金星タイプ
七赤金星タイプ	二黒土星タイプ 五黄土星タイプ 八白土星タイプ	一白水星タイプ	六白金星タイプ
八白土星タイプ	九紫火星タイプ	六白金星タイプ 七赤金星タイプ	二黒土星タイプ 五黄土星タイプ
九紫火星タイプ	三碧木星タイプ 四緑木星タイプ	二黒土星タイプ 五黄土星タイプ 八白土星タイプ	なし

採用の場合も、経歴書の生年月日から調べ、社長やリーダーとの相性などを見ていきます。
相性が悪いとせっかくの逸材でもうまく活用させることができないからです。

スタッフの育成においてもファン気学を活用することができます。
ベースタイプに合わせた仕事の任せ方も有効ですが、才能を伸ばすという点であれば、それぞれのキャラを踏まえた仕事を任せていくと才能が開いていきます。特にポテンシャルに関連した才能が開いていきますので、より会社の戦力としてマルチな才能を発揮してくれます。

メンバーのキャラを生かした仕事の任せ方やチームのコミュニケーションを円滑にしていきながら、チームメンバーの力を最大限発揮してください。
チーム内のコミュニケーションや居心地が良くなり、メンバーの新しい才能が発揮されてくると、チームやお店、そして会社に行くのが楽しくなり、職場の雰囲気がとても良くなります。
そうなると、毎日チームメンバーのみんなが仕事場に来るのが楽しくなり、仕事場の良い評判、口コミがあふれてくると新たなスタッフ採用もしやすくなります。
ぜひチームメンバーをお店や会社のファンになってもらうようなサポートをしてあげてください。

8 ロンドンブーツ1号2号に見るビジネスパートナーの相性

芸能界で最近特にお笑いタレントの不祥事が目に付くようになりました。吉本興業の闇営業問題や不倫報道などワイドショーをにぎわせています。不祥事の後の対応によっては復帰が早くなったり、事実上休業に追い込まれているタレントもいます。
2019年12月にロンドンブーツ1号2号の田村淳が吉本興業の闇営業問題で活動自粛していたの相方の田村亮と新会社株式会社 LONDONBOOTS を設立しました。

淳は事件発覚後当初から、亮にアドバイスしたり毎日連絡を取りながら活動自粛中も陰ながらサポートし続けていたそうです。その後、亮は吉本興業と専属エージェント契約を結び、芸能活動を再開。2020年２月に『ロンドンハーツAbemaTV特別版』、４月にテレビ朝日『ロンドンハーツ』で地上波放送に復帰しました。

田村淳は 1973年12月 4日 生まれ
田村亮は 1972年 1月 8日 生まれ

２歳近くも年下の田村淳がなぜ、ここまで年上の田村亮の面倒を見ることができるのか。
田村淳は 九紫火星タイプ
田村亮は 二黒土星タイプ

二黒土星タイプの亮から見て、九紫火星タイプの淳に親のように面倒見てもらうことで亮の運気が上がる存在。
淳から見て亮は子供のように面倒を見ることで淳自身の運気が開ける存在です。

ロンドンブーツ１号２号は淳が親、亮が子という親子関係です。
この事件まではロンドンブーツ１号が年上の亮、２号が年下の淳として活動していましたが、今回の事件を機に淳がロンドンブーツ１号として活動することになりました。実態に即した関係性になったと言えます。
会社経営をしていく上でどういうビジネスパートナーと一緒に仕事をしていけばよいか。ファン気学の考え方は大いに役立ちます。

9　M-1優勝コンビに見る売れるビジネスパートナーの選び方

毎年年末に新たなスターが登場して話題となるM-1グランプリ。

2001年に始まり2019年まで15組のチャンピオンが生まれています。

どういうビジネスパートナーが成功しやすいか、15組のコンビの相性の傾向があるかファン気学的に調べました。

まずもっとも多かった組み合わせが友達タイプ同士の関係で11組です。

小学校から高校までのどこかで同級生で友人だった2人が結成理由のチュートリアル、サンドウィッチマン、NON STYLEや芸人養成所の同期だったアンタッチャブル、ブラックマヨネーズなども友達タイプ同士の組み合わせのコンビです。

審査員のダウンタウン、ナイツもコンビは同じ友達タイプです。

基本的に仲が良く、腐れ縁みたいな関係です。

ロンドンブーツ1号2号のような親子関係のコンビは1組。

フットボールアワーでした。

フットボールアワーは親タイプでツッコミの後藤、子タイプのボケ岩尾の関係です。

以前トーク番組で2人がゲストで話した内容によると1歳上の後藤が40代にもなってトイプードルを溺愛しすぎて独身である岩尾のことを嘆くエピソードがあり、ロンドンブーツの田村淳同様岩尾に何かがあった時は後藤が面倒を見そうな感じでした。

ただコンテストで優勝を狙うコンビとしては一緒にいると親側の芸人の負担が大きいです。

一般的な九星気学の考え方では友達タイプ同士か親子関係が良い相性とされます。

しかしながらそれ以外の相性のコンビでも優勝しているケースがありました。

それは優勝後コンビの一方だけの人気が爆発的に出てしまうという現象が起きてしまいます。

ケース1：中川家

剛　（兄　1970年12月4日生）　三碧木星タイプ
礼二（弟　1972年1月19日生）　二黒土星タイプ

ケース2：ますだおかだ

増田英彦（1970年2月9日生）　三碧木星タイプ
岡田圭右（1968年11月17日生）　五黄土星タイプ

中川家は兄の剛が弟の礼二を誘って吉本芸人養成所NSCに入学し、漫才のネタ作成も兄の剛が作成しています。

ますだおかだも増田が2度も断られながらも岡田を誘って、コンビを結成し、漫才のネタも増田が作成しています。木星の剛、増田主導で当初コンビはスタートしていきます。

でも最近は誘われた礼二、岡田の方がテレビでよく見るようになりました。

この2つのケースは三碧木星の剛や増田が、礼二や岡田を売り出すという関係性です。

ケース3：トレンディエンジェル

たかし（1986年1月30日生）　六白金星
斎藤 司（1979年2月15日生）　三碧木星

こちらのコンビも7歳下のたかしがNSCで斎藤を誘ってコンビが結成されました。

誘われた斎藤はCMに出演したり、吉本坂46のセンターで歌ったり舞台レミゼラブルに出演するほど漫才以外の分野にも進出するほどの活躍をしています。

このケースは六白金星のたかしが、斎藤を売り出すという関係性です。

ファン気学のベースには東洋哲学の五行思想というものがあります。

木と土の関係は木剋土。木は根を土に張って養分を吸い取るという関係性です。
金と木の関係は金剋木。金属の斧が木を切り倒す関係性です。

この相剋(そうこく)という関係性は特殊です。
芸能プロダクションのプロデューサーとタレントというような関係性で、タレントを見出し、売り出していき相方タレントをスターダムに押し上げていくような関係性です。

M-1グランプリはコンビ結成から15年までのコンビしか出場できないというルールがあります。
起業してから軌道に乗るまでのビジネスパートナーの選び方との関係性を考える上でとても参考になります。

第８章
９つのタイプ別
あの人にファンになっていただく方法

1　ファンになってほしい人に対する アプローチ方法がわかる

ファンを増やす活動をしていると、特定の人にファンになってもらいたいという時が出てくるはずです。自分自身のベースタイプを踏まえて、キャラを意識した振る舞いをしていてもあの人は振り向いてくれない、ファンにもなってくれないという時があります。その場合、自分のやりやすいやり方を押し付けているのではないでしょうか。

９つのベースタイプそれぞれに特徴があるように、相手のベースタイプそれぞれに心地良いアプローチや接してもらいたいやり方が異なります。ファンになってもらうきっかけのツボを押さえておくことで、ファンになってほしい人にアプローチする方法がわかります。

ただテクニックに走りすぎると相手にわかってしまい、逆効果になってしまいます。大切なのは、９つのベースタイプを基に相手のことをより知る努力をして、相手の心地良い対応を心掛けることです。

2　ベースタイプ別・ファンになっていただくには

①一白水星タイプの人にファンになっていただくには

一白水星タイプの人は相手に合わせる、優しい、協調性がある、まさに人と人との関係性を大事にするタイプです。水の性質を持っているので、水のように柔軟な性格で、物事にこだわらないさっぱりとした性格の人が多く心が純粋な方が多いのが特徴です。表面的には誰に対してもソフトな印象を与えますが、実は芯が強く好き嫌いが激しいため、なかなか本心を明かしません。ただし、一度信頼した人とは強い絆で結ばれます。

表面は柔らかでも内面は結構デリケートで心配性な方が多いので、他人に合わせてしまいストレスが溜まりやすいタイプです。わがままな人やストレートにものをいう人は苦手ですので、丁寧なかかわり方が大事になります。信頼関係が築けるまでは時間がかかります。でもいったんつきあいがはじまると相手を大事にして関係が長続きします。あまり浮気をせず一途にファンになっていただけるので、一白水星さん自身が安心して任せられる関係を望みます。

また他のタイプと比較して、感情が流されやすく、マイナス思考になりやすい傾向があります。

たまには気分転換にお茶や食事に誘って話を聞いてあげると気分が晴れるので仲良くなることができるはずです。

日々のかかわり方は、いつも変わらずぶれずに丁寧な接し方を心掛けるとだんだん頼りにしてくれ、関係が深まっていくはずです。悩みを持っている人が多いので、夜良く眠れるアロマやリラックスできるアイテムをプレゼントしてあげると喜ばれます。

②二黒土星タイプの人にファンになっていただくには

二黒土星タイプの人は着実に、一歩一歩、ゆっくりでも確実にやっていくと成果が出やすいタイプです。世話好きでいろんなところに顔を出し、いろんな人にいろいろやってあげるのが苦にならない方です。いろんなところに顔を出しているので、人のネットワークも豊富にある人が多いです。

また人をやる気にさせ、育てる力があるタイプです。マメにコミュニケーションをして、面倒を手厚く見る。まるで母親が子供の面倒を見るようにハイタッチなつきあいが得意なのが特徴です。

二黒土星タイプは男女問わず母性にあふれた愛情あふれる方が多いですが、組織のリーダーとなってみんなをぐいぐい引っ張っていくタイプではありません。組織の二番手としていろんな周りの人の意見を聞いて調整する、トップの意向をサポートし、スタッフに伝達してまとめていく、人をまとめる才能があります。謙虚で目立たない方が多いので、日頃から頑張っていただいていることの感謝の気持ちを伝えるとともに、要所要所で方向性を決めてくれる人に安心感を持ってついてきてくれ、ファンになってくれます。

③三碧木星タイプの人にファンになっていただくには

三碧木星タイプの人は明るく、元気で、常に積極的で、前進することが大好きで行動力があって、その上スピードが早いのが特徴です。まるで少年のように、どんどん新しいことに興味を持ってチャレンジしていきます。新商品や新しい技術も大好きでいつも新しいことを追いかけているのが大好きです。また雷のようにアイデアもどんどん湧いてきて直観で行動していくタイプです。

とてもピュアな心を持った方で、裏表がない性格ですので、夢に向かってまっしぐらに進んでいく方です。また無邪気なところがあり、困っている人には惜しみなく愛情を注ぎます。自分の気持ちに素直な分、主張が激しく、時には激しい口論になることもあるかもしれませんが、仲直りしたら後には引かないさっぱりした性格です。

ただ新しいことにどんどんチャレンジしていくので、1つのことにじっくり取り組むことは得意ではないようです。熱しやすく冷めやすい性格なので、つきあい始めるとなんだか冷たいということもあります。常に刺激を求めていて、マンネリな関係になるのを嫌がります。またせっかちな人なので、すぐ相手の反応や見返りを求めてきます。

母親のように三碧木星タイプの素早い行動に付いていく、行動を見守る、また行動を後ろからサポートしてあげて、仕事の漏れや忘れをチェックしてあげることも必要になります。夢に向かって進んでいく姿を応援してくれる人のファンになりやすいです。

④四緑木星タイプの人にファンになっていただくには

四緑木星タイプの人は相手に合わせる、優しい、協調性がある、まさに人と人との関係性を大事にして、風になびく柳のように柔らかな性格です。誰とでも接することができ、どんな人の心の中にも入っていくことができることが特徴です。社交的で根が親切でお人よしですので、積極的にアプローチしていくと、つきあいが発展していきやすいです。

ただ人当たりは良いですが、自分の思い通りにいきたいと思っており、誰かに指示されたり束縛されることは嫌いです。またいい人過ぎて、相手に合わせてしまいやすく、よくお困りごとや迷惑ごとを引き受け困難に直面しがちです。その結果、物事の継続力が弱く中途半端になってしまいます。

周りの人の意見を気にしすぎて、物事を決めきれずに、優柔不断になりがちです。どうしたらよいか相談があった時はびしっとアドバイスしてあげると安心します。次に何をしたらよいか、行動に踏み出せない時も最初の一歩を明確に示して、背中を押してあげると自信を持って行動に移すことができるようになります。アドバイザーになってくれる人のファンになります。

不器用で自分のペースを変えることができないため、スケジュールや期限をあまり守れない傾向があります。期限がある仕事をお願いする場合は定期的にフォローしてあげるとよいはずです。

何かあった時に後ろで支えてあげる関係性ができると、四緑木星タイプとは長いおつきあいになるはずです。

⑤五黄土星タイプの人にファンになっていただくには

五黄土星タイプの人は着実に、一歩一歩、ゆっくりでも確実にやっていくと成果が出やすく、絶対にあきらめない、最後までやり抜ければ成功する性格です。決断は遅いのですが、いったん決めると腰を据えてやる責任感が強い方が多いのでリーダーに向いています。まるで溶岩のようになんでも飲み込み溶かしていく強さと溶岩が固まった時の頑固さもある性格の方です。この性格が良い方向に進めば、実行力や忍耐力、決断力がそろった素晴らしいリーダーになりますが、悪い方向に働けば、強引で自己中心的と扱いに困る存在になります。

じっくり考え、納得してはじめて動く方ですので、焦らせたりせず待ってあげる必要があります。ただ五黄土星タイプの人は我が道を行く人が多く、あまり周りの人のことは気にしません。時々声をかけて積極的にコミュニケーションをとってあげるとそのうち興味をもってくるはずです。五黄土星タイプが興味を持ってもらうまで気長に待つことが大切です。ライバル意識が強く、他人に負けたくないという気持ちが強いのでファンミーティングなどファン同士が集まる場ではファン度を上げると熱の入れようも変わります。でもいったん熱狂的なファンになると嫉妬深く、独占欲も強く束縛したがりますので注意が必要です。

⑥六白金星タイプの人にファンになっていただくには

六白金星タイプの人は明るく、元気で、常に積極的で、責任感があって、頭脳明晰で合理的に物事を判断できる方です。まるで、澄み切った青空のように感情に振り回されず決断力があるので、リーダーに向いているのでとても頼りになります。完璧主義的な傾向も強いので、興味のあることには一心不乱に取り組みますが、興味のないことには見向きもしないその差が激しいのが特徴です。好き嫌いが激しいので、一度ファンになった相手には一途になります。時には対象に対してやりすぎるくらいに徹底して行動してしまうことがあります。駆け引きや計算をせず、ストレートな愛情表現で気持ちを伝えます。裏表がなく、素直な性格です。

六白金星タイプはリーダーシップがあるので、彼らに主導権を任せて、自らは裏方やサポートに回った方がうまくいく場合が多いです。そして従順に従ってくれる誠実な人の方が好まれます。

また行動へのスイッチが入るまで少し時間がかかりますので、待ってあげる必要があります。

スイッチが入ると猛チャージで爆走していきます。

また六白金星タイプはプライドが高い方が多いので、ファンになってもらうようお願いしても命令されることを嫌うので、能力や人間的な魅力を磨いてファンになっていただくのが近道です。応援したいと思ってもらうように誠実な努力を示していく必要があります。自分のペースを乱されることなく六白金星タイプの持つパワーをいかんなく発揮させてくれる人のファンになってくれます。

⑦七赤金星タイプの人にファンになっていただくには

七赤金星タイプの人は相手に合わせる、優しい、協調性がある、まさに人と人との関係性を大事にするタイプで、明るく、社交的でお茶目な性格から周りの人から可愛がられる人です。

楽しいことが好きで、会食、飲み会、宴会は大好きな人が多いです。持ち前の頭の回転と器用さで、そつなく物事をこなしてしまう才能はありますが、めんどくさいことは苦手で楽したい性分もあり、粘り強く何かをコツコツ継続してやり続けることは苦手で飽きやすい性格です。

内面的には寂しがり屋なので、SOS サインがあったら寄り添ってあげるととても喜ばれます。また神経質で傷つきやすい側面があるので、ちょっとのことで気になったりイライラしている時は触らないように、少し距離をおいていると自ら落ち着いてくるはずです。いろんな人から声をかけられると話に乗りやすいので、浮気しやすい傾向があり、コロコロ気分が変わるのでなかなか始末に負えない七赤金星タイプです。しかし、つかず離れず適度な距離感をずっとキープしてくれる人を次第に頼りにするはずです。のめりこんでいくと、周りが見えなくなってしまうこともあります。てっとりばやく関係を深めるなら、お菓子を渡すか飲み会を開いてお近づきになりましょう。

⑧八白土星タイプの人にファンになっていただくには

八白土星タイプの人は着実に、一歩一歩、ゆっくりでも確実にやっていくと成果が出やすく、表面的には社交的で物腰やわらか、精神的な安定感と行動力に優れていて、意思の強さがあります。家を継ぐ人が多いのも特徴です。しかし、内面的には自分の主義主張は一切変えない頑固なところがあり、意思が強すぎて柔軟性がなくなってしまい頑固で融通の利かない人になります。

山のように、どっしりと構えて、動きは遅く、慎重に物事を判断しますが、いったん決めた決断はなかなか変えず、コツコツ積み上げていく力があります。

慎重な性格なので、人をじっくり見極めてつきあうかどうか判断する傾向です。出会ってからつきあい始めるまで、長い期間を要します。知り合いからスタートして長い期間かけながら信頼関係を築きその後ファンに発展する場合が多いです。真面目な性格で、浮気もあまりなく誠実なつきあいになります。ゆっくりじっくり関係を育み、大事にしていくタイプです。

こちらは誠実に対応するとともに、何か困ったことがあったら頼ってお願いしてみると関係が深まるでしょう。また逆に何か相談があったら親身に相談に乗ってあげるとよいでしょう。

ただ八白土星タイプは慎重な性格なので、いろんな人の話を聞いてから自分で考えて決めるタイプなので、あまり自分の意見を押し付けない方が関係は長く続きます。細く長くつきあっていくことでお互い相談できる関係を築いていくことで、何かあった時に力になってくれます。

⑨九紫火星タイプの人にファンになっていただくには

九紫火星タイプは頭脳明晰で華やかな人が多いです。感性に優れた方が多い芸術家気質の強い方が多いのも特徴です。芸能人が多いのも特徴です。最新トレンドを追っかけるのが得意ですが、その反面短気で飽きやすいのも特徴です。また華やかな反面、陰気になると極端にふさぎ込むアップダウンの激しい方です。まるで太陽のように、真昼はギラギラ照り輝くときもあれば夕日のように落ちていきセンチメンタルになる。変化が激しいのが特徴の九紫火星タイプです。

九紫火星タイプは才能にあふれていて個性的ですが、自分の感情のコントロールが難しい傾向です。興奮しすぎて感情的になっていたり、空回りしている時は、こちらが冷静に対応して落ち着いてもらうことが必要です。また落ち込んでいる時は、こちらがその才能をほめて、元気づけてやる気になってもらうことが大事です。九紫火星タイプはメンターのように一歩引いたところからサポートしてくれる人のファンになってくれます。

第４部

アフターコロナ時代の
ビジネス開発、
スキル開発

第9章
ファン気学で解く
アフターコロナ時代のビジネス開発

1 ファン気学で解くアフターコロナ時代のビジネスのあり方

新型コロナウィルスが蔓延した2020年は七赤金星の年です。

経済・お金が八方塞がり。経済、お金に関する問題・話題が出てきやすい年です。

干支（えと）では庚（かのえ）の子（ね）という年。

庚は植物の生長が止まって新たな形に変化しようとする状態で、庚は更新を意味し、物事が変わっていくこと、子は、完了の「了」と始まりの「一」を意味し、終わりと新たな始まりを意味します。

この数か月で世界は驚くほど変わってしまいました。自粛が解除され、アフターコロナ時代を見据えて動いていく時期が来ました。

これまでの仕事のやり方、ビジネスの在り方の見直しを迫られています。変化が激しく、不確実性が高まる予測不能な時代。変化に対応しながら、どのようにお客様に喜んでいただき、お金をいただきながら自らも成長していくか。

自分を成長させるためにどのようなテーマや商品を意識してビジネスを考えていけばよいか。

ファン気学において、参考となる考え方があります。

アフターコロナ時代、これまでの仕事のやり方、ビジネスの在り方をどう見直していけばよいか。

今後どのようなスキルが求められるか。コロナウィルスによる影響下でも好況な業界があります。その傾向から読み解くことができます。

例えば、好況の業界として

・一白水星の業界　情報・通信業
・九紫火星の業界　医薬品

などが挙げられます。

テレワークが追い風のIT業界が好況であったり、ウィルス対策関連銘柄である医薬品業界が好況なのは当たり前だと思うかもしれません。

ファン気学ではコロナウィルスによる影響を肺炎に見立て、七赤金星の事象として捉えます。

今の社会に起きている現象は七赤金星の凶作用が強く出た状態です。

七赤金星の性質を抑える事象を五行思想で見た場合、

・金生水（金より水が生ず）
　水の性質を持つ一白水星の事象に力を入れることで七赤金星の凶作用を抑えることができます。

・火剋金（火は金属を熔かす）
　火の性質を持つ九紫火星の事象に力を入れることで七赤金星の凶作用を抑えることができます。

コロナ下でも好況な業界を例に考えると、今後中小企業や個人事業主でもアフターコロナの時代ではどの業界でも一白水星のビジネス、九紫火星のビジネスを新規事業や副業など意識して取り入れていく必要があります。

一白水星のビジネスや仕事

- カウンセラー
- ネットワークビジネス全般
- 医療関係の仕事
- インターネット関連ビジネス
- 保険の営業、ライフプランナー
- 営業全般
- 警備、セキュリティ関連のビジネス
- マジシャン

九紫火星のビジネスや仕事

- 芸術家
- 会計士
- 学者
- カメラマン
- 画家
- 記者
- 美容師、美容関連のビジネス
- アドバイザー
- 法律家
- 医者
- 研究者
- デザイナー
- タレント、アイドル、俳優
- 占い師
- 講師
- 何かの専門家、スペシャリスト

個人においては一白水星的なITスキルと九紫火星的な一芸に秀でた専門性はこれから仕事をしていく上で必須スキルになります。

2　アフターコロナ時代に求められるマルチチャネル経営

本業以外にも副業を意識してビジネスや収入を複数持つことは、アフターコロナ時代にはなくてはならない考え方です。

飲食業、クラブ・バーなどの水商売、航空業、観光・宿泊業、自動車産業、百貨店、アパレル、音楽・舞台などのエンターテインメント業界など業種によっては外出自粛下の2020年4月、5月の単月売上が前年比90％減など死活問題になるほどの大打撃を受けました。また中小企業や個人事業主においても研修講師やジム・ヨガのインストラクターなどは、講座が中止になり、外出自粛の影響で病院、整体院なども客が減って経営が著しく厳しくなっています。

新型コロナウィルスでビジネスのゲームのルールは一変。リピーターがいる、ファンが応援してくれる会社やお店、個人事業主は一時的にはしのぐことができますが、長期に渡って不況が続くとファンも疲弊してきます。

同じ業界でもコロナ下で売り上げを拡大している会社、攻めの経営をしている会社があります。

飲食業界はコロナ下による外出自粛で売り上げが激減しましたが、その状況下でもマクドナルドは売り上げを伸ばしています。2020年4月の既存店売上高は前年同月比6.5％増、自粛効果で客数が落ち込む中、客単価は31％上昇しました。テイクアウト、デリバリー、ドライブスルーと店内飲食以外の販売チャネルが好調なのが理由です。また公式アプリを使ったクーポンやおもちゃのおまけで家族単位での顧客の囲い込みを行っています。

ケンタッキーフライドチキンも同様です。2020年4月の既存店売上高が前年同月比べ33.1%増、客単価も24%伸びました。こちらも店内飲食を中止しているにも関わらず、テイクアウトやデリバリー需要が伸び、家族が自宅で食べる需要を取り込み販売増になりました。2020年4月現在17か月連続で既存店売上高が前年実績を上回っています。

宿泊業界はコロナで外国人観光客需要の消滅、外出自粛により壊滅的な状況ですが、業界トップのホテル数をもつアパホテルを有するアパグループが攻めの経営を行っています。

国の要請を受け、いち早くコロナウィルスの軽症者受け入れを表明したアパホテル。日本最大級の2311室を有する横浜ベイタワーをはじめ、2020年6月現在8ホテルを貸し出しています。また同業他社に先駆け、2020年6月末まで新型コロナウイルスに負けるなキャンペーンと銘打ちシングル1泊2500円の格安キャンペーンを展開しています。

アパグループはホテル事業の他にもマンション開発事業を手掛けており、ビジネス環境の激変に耐えうるべくリスク分散の徹底された経営を行っています。

コロナ下でも生き残っていくためには、ビジネスのリスク分散ができるくらい、異業種、異業態のビジネスや違ったチャネルの収入源を複数持ち、不測の時代に備える必要があります。

ビジネスの不確実性に対応するため、本業以外の稼ぐ副業やチャネルを複数持つマルチチャネル経営をどのように実現していけばよいか。環境の変化に対応して、会社や自分自身を成長させるために、どのようなテーマのビジネスや商品・サービスを開発していけばよいか。

相性の良いビジネスの考え方は五行思想の相生（そうしょう）の考え方です。

例えば私の場合、私は七赤金星タイプです。

五行思想の相生によると金生水（金より水が生ず）という考えがあり、この水の性質を持つ一白水星の性質のテーマや、仕事が私にとって、そして監修の増田が社長である弊社 ROSES にとっても子星という取り組むことで自分を成長させてくれる性質を持ちます。

コロナ下の厳しい時期にも関わらず

・新たにウェブを制作したい
・ウェブで新商品をプロモーションしたい
・Google アナリティクスを用いて、ウェブ改善をしたい
・SEO を強化したい
・インスタグラムでのプロモーションを行いたい

など、IT 関連の仕事のご依頼を多くいただいています。

今振り返ると新卒で入社した研修会社時代からIT業界担当で、ITツールを使った研修の開発やプロモーションなどITに関連した仕事をしていました。前職はソフトウェア会社で営業コンサルティングをしていて、現在もウェブ制作やシステムコンサルティングも行っています。

IT関連の仕事は一白水星の活動なので、私自身にとって運気が上がる仕事で、苦にならない仕事でもあるので、結果的に話をよくいただきます。

もともとのベースタイプである七赤金星タイプの特性を活かした仕事であれば、講演家、営業、金融業、弁護士、歯医者、飲食店、水商売などが向いています。

しかし、得意な仕事にあぐらをかいていたら、ここまで成長することはできませんでした。

長年一白水星力をアップさせてきおかげか、七赤金星＋一白水星のエネルギーが私に備わりつつあります。

いろいろな可能性があると、かえって何をしたらよいか迷います。

子星の性質の仕事は自分のビジネスの可能性を広げやすい、仕事になりやすい仕事です。

お客様によって、仕事によって自分が成長させていただく。

子どもによって親が成長するのと同じ原理です。

3 阪急東宝グループ創業者に学ぶ マルチチャネル経営の育て方

阪急東宝グループを一代で作り上げた小林一三は1873年1月3日生まれの二黒土星タイプです。三井銀行出身の小林が、今の阪急電鉄の経営を行うようになり、会社を軌道に乗せたのは鉄道沿線の住宅を今でいう住宅ローンの仕組みを作って売りまくったからであることは有名です。また鉄道の終点の宝塚に宝塚新温泉というレジャーランドを作り、宝塚少女歌劇団を作って、劇場を作って100年続く劇団を作り上げました。私鉄経営ビジネスモデルの祖と言われる人で東急電鉄の経営にも関与したほどです。

二黒土星タイプの場合、五行思想の相生によると土生金（土より金が生ず）ですので、金の性質の七赤金星に関連する活動が成功しやすくなります。

小林一三のビジネスの中核にあるのは「大衆が金を借りる仕組み」と「大衆が週末遊ぶ仕組み」です。

もともと小林自身が持っていた二黒土星タイプという大衆に対しての感性やアンテナに加えて七赤金星のエネルギーを持つ、

・お金を借りる仕組み

・遊ぶ施設のレジャーランドや少女歌劇団

を十二分にビジネスに取り入れた合わせ技で私鉄経営ビジネスモデルを完成させました。

4 マツコ・デラックスに学ぶ 大ブレイクするチャンスのつかみ方

マツコ・デラックスは1972年10月26日生まれの一白水星タイプです。

もともとはゲイ雑誌の編集者やコラムニストとして執筆活動をしていました。

2005年に東京MXテレビの情報番組『5時に夢中』のコメンテーターに代役で出演してから、好評だったため、レギュラー出演することになりました。見た目のインパクトに加えて、毒舌なコメントで視聴者を楽しませています。

その後2009年からは冠番組を持ち、現在では5番組の司会を含む、8番組のレギュラーを持つ売れっ子タレントとなりました。

2020年のオリコン好きな司会者ランキングで1位に輝くほどの人気ぶりです。

現在は花王ピュオーラ、P&Gレノアなどの CM でもその存在感を発揮しています。

一白水星タイプの場合、五行思想の相生によると水生木（木は水によって養われる）ですので、木の性質の三碧木星に関連する活動は成功しやすくなります。

もともと持っていた一白水星タイプという性的マイノリティに対しての感性やアンテナに加えて、テレビに出る、司会をする、CMに出るなど三碧木星の運気を上げるエネルギーを取り入れ、スターダムにのし上がっていきました。

5 イチローに学ぶ野球人生の成功要因とセカンドキャリアの選び方

元プロ野球選手のイチローは1973年10月22日生まれの九紫火星タイプです。
メジャーリーグでシーズン最多安打（262安打）や通算安打世界記録（4367安打）を持っている日本で最も成功した野球選手の1人です。

その非凡な才能は小学校から開花していたことは有名です。
イチローの小学6年生の文集で書いた内容を見ても一目瞭然です。

> 僕の夢は、一流のプロ野球選手になることです。
> そのためには、中学、高校と全国大会へ出て、活躍しなければなりません。
> 活躍できるようになるためには、練習が必要です。
> 僕は三歳の時から練習を始めています。
> 三歳から七歳までは、半年ぐらいやっていましたが、三年生の時から今までは、365日中、360日は、激しい練習をやっています。
> だから一週間中、友達と遊べる時間は、五、六時間です。
> そんなに練習をやっているのだから、必ずプロ野球の選手になれると思います。
> そして、その球団は、中日ドラゴンズか、西武ライオンズです。

ドラフト入団で契約金は、一億円以上が目標です。僕が自信があるのは、投手か打撃です。

去年の夏、僕たちは、全国大会に行きました。
そしてほとんどの投手を見てきましたが、自分が大会ナンバーワン選手と確信でき、打撃では県大会四試合のうちホームラン二本を打ちました。
そして、全体を通した打率は5割8分3厘でした。
このように自分でも納得のいく成績でした。
そして、僕たちは一年間負け知らずで野球ができました。だから、
この調子で、これからもがんばります。

そして、僕が一流の選手になって試合に出られるようになったら、お世話になった人に招待券を配って、応援してもらうのも夢の一つです。
とにかく一番大きな夢は、野球選手になることです。

九紫火星の場合、五行思想の相生によると火生土（火より土が生ず）ですので、土性の八白土星に関連する行動は運気が上がり、成功しやすくなります。

小学生の時、すでに一流のプロ野球選手になるというとても具体的な目標を設定していました。その上、プロ野球選手になるまでのロードマップを描き、日々その目標に向かって着実に継続して努力し続けていったのです。

九紫火星タイプでもともと才能にあふれたイチローは、八白土星のエネルギーである目標設定をしてコツコツ努力し続ける才能を身に着け、発揮していってメジャーリーガーとして不動の地位を築きました。

プロ野球選手は引退後、セカンドキャリアとしていろんな選択肢があり、プロ野球選手のコーチ、監督、解説者、飲食店経営、タレントなど多様なキャリアがあります。

しかし、イチローは2019年シアトルマリナーズの会長付特別補佐兼インストラクターに就任し球団経営にも関わるようになりましたが、加えて2020年に研修を

受け学生野球資格を回復しました。今後は高校生や大学生などアマチュア野球の指導者に関心があるようです。

九紫火星の場合、五行思想の相生によると火生土（火より土が生ず）ですので、土性の二黒土星に関連する活動も成功しやすくなります。

二黒土星の仕事を最も表しているのは、人を育てることです。

イチローはセカンドキャリアの目標を恩師元オリックス仰木彬監督に置いて、他がやらないアマチュアの世界で第一人者を目指そうとしているのだと思います。

指導者としての今後のイチローの活躍を楽しみにしています。

6 ベースタイプ別・アフターコロナ時代のビジネス開発

①一白水星タイプのアフターコロナ時代のビジネス開発

一白水星タイプは、五行思想の相生によると水生木（水より木が生ず）ですので、三碧木星、四緑木星の性質の仕事やテーマが一白水星タイプにとって成長できる仕事になります。

アフターコロナ時代、一白水星タイプは環境の変化に合わせて、やめるべきことを決断して表に出ていく準備をする時期です。マツコ・デラックスのように、三碧木星の性質の仕事やテーマにチャレンジしてみることをおすすめします。

一白水星タイプの気質として
・相手に合わせる協調性がある気配り上手
・人と人との関係性を大事にする
・柔軟な性格で、周りの状況に応じて臨機応変に対応できる
ことに得意な人が多いのが特徴です。

持ち前のサービス精神を活かして、積極的にPRや情報発信を行ったり、お客様の琴線に触れる営業やマーケティングなど行ってきたこれまでの経験そのものを仕事にしてみてはいかがでしょうか。

三碧木星の仕事がおすすめ

・司会
・ミュージシャン
・YouTuber
・講演家
・タレント
・マーケティングコンサルタント
・広告業
・新規開拓営業
・営業代行

②二黒土星タイプのアフターコロナ時代のビジネス開発

二黒土星タイプは五行思想の相生によると土生金（土より金が生ず）ですので、六白金星、七赤金星の性質の仕事やテーマが二黒土星タイプにとって成長できる仕事になります。

アフターコロナの時代、二黒土星タイプは周りの人の注目が当たりやすい年ので、周りの人に寄り添っていくことが大事な時期です。小林一三のように、七赤金星の性質の仕事やテーマにチャレンジしてみることをおすすめいたします。

二黒土星タイプは
・世話好きで面倒見が良くマメ
・人をやる気にさせる力がある
・勤勉でまじめな性格で、地道な行動力がある
ような人が多いのが特徴です。

持ち前の面倒見の良さを生かして、人々を楽しませる場を作ってみんなを盛り上げてください。楽しい場にはどんどん人が集まってくるはずです。

二黒土星

七赤金星の仕事がおすすめ

・趣味のコミュニティ
・オンラインサロン
・（オンライン）飲み会
・（オンライン）食事会
・飲食店
・水商売
・講演家
・金融業
・資産運用
・弁護士
・歯医者

③三碧木星タイプのアフターコロナ時代のビジネス開発

三碧木星タイプは五行思想の相生によると木生火（木より火が生ず）ですので、九紫火星の性質の仕事やテーマが三碧木星タイプにとって成長できる仕事になります。

アフターコロナ時代の三碧木星タイプは新たなステージに変わります。目標を立てしっかり準備をしっかり行うことをおすすめします。

三碧木星タイプは
・明るく、元気で、常に積極的
・話すのがうまい
・新商品や新しい技術を追っかけるのが得意
ような人が多いのが特徴です。

ある一つの領域の専門性を身に着け、先生と呼ばれるくらいのプロフェッショナルを目指しましょう。持ち前の明るさと話のうまさを活かして、講師として呼ばれるようになったり、アドバイザーとして相談を受けるようになるはずです。

九紫火星の仕事がおすすめ　三碧木星

・芸術家
・法律家
・会計士
・医者
・学者
・研究者
・カメラマン
・デザイナー
・画家
・タレント、アイドル、俳優
・記者
・占い師
・美容師、美容関連の仕事
・講師
・アドバイザー

④四緑木星タイプのアフターコロナ時代のビジネス開発

四緑木星タイプは五行思想の相生によると木生火（木より火が生ず）ですので、九紫火星の性質の仕事やテーマが四緑木星タイプにとって成長できる仕事になります。

アフターコロナの時、四緑木星タイプは運気も上昇しはじめていきます。具体的な行動をどんどんしていきましょう。

四緑木星タイプは
・人間関係を大事にして協調性がある
・自分の仕事の姿勢ややり方が確立されている
・波風を立てない穏やかな性格
ような人が多いのが特徴です。

しかし、アフターコロナ時代は運気上昇、表に出ていくべきです。芸能人やアーティスト、美容家など、自らの才能と感性で勝負してみてはいかがでしょう。

まずは派手なメイクや衣装を身にまとい、スターになり切ってみると気分も上がってくるはずです。SNSでの見せ方も考えながら新しいあなたのブランドイメージを作っていきましょう。

九紫火星の仕事がおすすめ　四緑木星

・芸術家
・法律家
・会計士
・医者
・学者
・研究者
・カメラマン
・デザイナー
・画家
・タレント、アイドル、俳優
・記者
・占い師
・美容師、美容関連の仕事
・講師
・アドバイザー

⑤五黄土星タイプのアフターコロナ時代のビジネス開発

五黄土星タイプは五行思想の相生によると土生金（土より金が生ず）ですので、六白金星、七赤金星の性質の仕事やテーマが五黄土星タイプにとって成長できる仕事になります。

アフターコロナ時代の五黄土星タイプは運気も好調の時期。環境の変化の波に乗って自らも積極的に変わっていく時期です。特に六白金星の性質の仕事やテーマにチャレンジしてみることをおすすめいたします。

五黄土星タイプは
・いったん決めると腰を据えてやり責任感が強い
・面倒見が良く、親分肌
・軸がぶれず、押しが強い
ような方が多いのが特徴です。

アフターコロナ時代、変化はチャンスです。起業したり、どこかの会社や事業に投資したりと、ビジネスを手掛けて経営者になることをおすすめします。また自分に投資するのもよし。勉強や講座に出る、新たな経験をするなどして、積極的に動く年にしてください。

六白金星の仕事・テーマがおすすめ　五黄土星

・社長
・リーダー
・公務員
・政治家
・法律家
・スポーツ選手
・為替や株のディーラー
・ベンチャーキャピタル
・成果報酬型の営業
・エンジニア

⑥六白金星タイプのアフターコロナ時代のビジネス開発

六白金星タイプは五行思想の相生によると金生水（金より水が生ず）ですので、この水の性質を持つ一白水星の性質のテーマや仕事が六白金星タイプにとって成長できる仕事になります。

アフターコロナ時代の六白金星さんは運気も最高潮。いろんな人と繋がり、奉仕することで運気が開いていきます。

六白金星タイプは
・積極的で、責任感がある
・頭脳明晰で合理的に物事を判断できる
・決断力がある
方が多いのが特徴です。

アフターコロナ時代は相談相手として周りの人の悩みやお困りごとを聞いてあげることが大事です。持ち前の決断力と実行力を活かして、アドバイスをしたり、問題を解決してあげることで、そのソリューションが新たなビジネスに発展していくことでしょう。

一白水星の仕事・テーマがおすすめ

・カウンセラー
・保険の営業、ライフプランナー
・ネットワークビジネス全般
・営業全般
・医療関係の仕事
・警備、セキュリティ関連のビジネス
・インターネット関連ビジネス
・マジシャン

⑦七赤金星タイプのアフターコロナ時代のビジネス開発

七赤金星タイプは五行思想の相生によると金生水（金より水が生ず）ですので、この水の性質を持つ一白水星の性質のテーマや仕事が七赤金星タイプにとって成長できる仕事になります。

アフターコロナの時代の七赤金星タイプは自ら積極的に動いてもなかなか結果に結びにくく、かえってトラブルが発生してしまいがちな時期です。

七赤金星タイプは
・明るく、社交的でお茶目
・周りの人から可愛がられる
・人あたりが良く、面倒見も良い
方が多いのが特徴です。

アフターコロナの時代の七赤金星タイプは持ち前の明るさと社交性を活かして、人脈を広げ、人脈を生かした紹介営業やネットワークビジネス等の副業を始めてみてはいかがでしょう。
またネットワークはインターネットにも通じます。オンラインサロンやオンラインコミュニティを始めるのも吉です。

一白水星の仕事・テーマがおすすめ

・カウンセラー
・保険の営業、ライフプランナー
・ネットワークビジネス全般
・営業全般
・医療関係の仕事
・警備、セキュリティ関連のビジネス
・インターネット関連ビジネス
・マジシャン

⑧八白土星タイプのアフターコロナ時代のビジネス開発

八白土星タイプは五行思想の相生によると土生金（土より金が生ず）ですので、六白金星、七赤金星の性質の仕事やテーマが八白土星タイプにとって成長できる仕事になります。

アフターコロナ時代の八白土星タイプは収穫の年です。これまで築いていたビジネスやお客様を大事にして、人間力を高めながら事業を安定化させていくことが大事です。特に六白金星の性質の仕事やテーマにチャレンジしてみることをおすすめいたします。

八白土星タイプは
・落ち着いて慎重に物事を判断できる
・地道にコツコツ積み上げていく力がある
・人情が厚く、面倒見が良い
ような方が多いのが特徴です。

アフターコロナ時代の八白土星タイプこれまで培ったノウハウやスキルを活かしてボランティアや公職に就いて活動して奉仕することをおすすめします。感謝の気持ちで周りの人に与えていくと新たな会社の方向性が見えてくるはずです。

六白金星の仕事・テーマがおすすめ　八白土星

・社長
・リーダー
・公務員
・政治家
・法律家
・スポーツ選手
・為替や株のディーラー
・ベンチャーキャピタル
・成果報酬型の営業
・エンジニア
・ボランティア
・寄付

⑨九紫火星タイプのアフターコロナ時代のビジネス開発

九紫火星タイプは五行思想の相生によると火生土（火より土が生ず）ですので、二黒土星、八白土星の性質の仕事やテーマが九紫火星タイプにとって成長できる仕事になります。

アフターコロナ時代の九紫火星タイプはこれまでやってきたことを長期的に振り返り、感謝の心で周りの人と接することが、今後何をなすべきか、何を止めるべきか考えていくきっかけになるはずです。特に二黒土星の性質の仕事やテーマにチャレンジしてみることをおすすめいたします。

九紫火星タイプは
・頭の回転が速く将来を見通す力がある
・器用でなんでもそつなくこなせる
・美的センスと感性に優れている
方が多いのが特徴です。

アフターコロナ時代の九紫火星タイプは人を励ますことが大切です。
九紫火星タイプにとっては「この先こうなる」と未来が見えていても、お先真っ暗で、全く見通しが立たない人もいるはずです。持ち前の明るさで人を勇気づけ励まし続けることで次につながるはずです。

二黒土星の仕事・テーマがおすすめ　九紫火星

・コーチ
・会社の人材育成担当
・会の事務局
・会社の補佐役、ナンバー2
・農業
・建設業
・不動産業
・陶芸家
・保育士
・介護士

第10章
アフターコロナ時代のビジネスを加速させるスキル開発

1　自分に足りないスキルを開発してビジネスを加速させる

アフターコロナ時代を見据えて自分を成長させるためのビジネス開発。

いくら成長できるとはいえ、これまで経験のない業界や仕事は、本当にうまくいくか不安になる方もいるでしょう。本業や新たなビジネスをサポートするスキル開発を行うことで立ち上げを加速させることができます。

七赤金星タイプの私にとってこれまでコツコツ努力することは苦手でした。

行き当たりばったりで思い付くままその時の気の向くまま生きてきたので人生にムラがあったように思えます。毎日、コツコツ、努力し続けていれば、大学受験も就職活動も会社員時代も今まで以上に成果は出せていたのにと後悔する時もあります。

自分の無意識の性格はあまり自覚していないものですが、他人のことはよくわかるものです。

父親が幸いにして同じ七赤金星タイプで、父の生活ぶりをはたで見ていて、

「努力して毎日公務員の仕事を勤め上げたのかな」

「魚釣りやパチンコに精を出さなければもっと昇進したのにね」

など父親を見ていると尊敬する面、反面教師にしている面もありました。

自分をパワーアップさせるスキルの考え方は東洋哲学の五行思想の相生でわかります。

七赤金星タイプにとって二黒土星のスキルは自分をパワーアップさせてくれます。

父親は退職後、自宅近くの休耕田を借りて、農業を始めました。

年金生活をしながら、作った野菜で半自給自足の生活を始め、最近は近くの青空市場に作った野菜を出荷するほどになりました。毎日畑に行っては、野菜たちを育てることに生きがいを見出していて、春には孫たちにイチゴを腹いっぱい食べさせることを楽しみに畑仕事に精を出しています。

二黒土星の持つ大地の力が父の老後をパワフルにしているようです。

ファン気学で良い方位に旅行したり、喫茶店で飲み物を飲んで開運するという手法も、自分にとって足りないけどあったら人生を広げるエネルギーを自分から進んで獲得しにいくという考えです。

自分を成長させるためのビジネス開発を行うために自分をパワーアップさせるスキルを開発することで、ビジネスを加速させることができるのです。

2　志村けんに学ぶ自分をパワーアップさせるスキル開発

志村けんは1950年2月20日生まれの五黄土星タイプです。

志村けんと言えば、ドリフターズのメンバーとしてTBSのお笑い番組『8時だョ！全員集合』ではヒゲダンス、東村山音頭で人気を博しました。その後もバカ殿様、変なおじさん、ひとみばあさんなどどちらかというと変人のコントの記憶が残るタレントです。

自分をパワーアップさせるスキルを開発するために相性の良いスキルの考え方は五行思想の相生です。

五黄土星タイプの場合、火生土（火より土が生ず）ですので、火性の九紫火星に関連するスキルや活動でパワーアップすることができます。

変なおじさん、変なキャラでお笑いタレントとして活動することは、九紫火星スキルを活かしたスターダムに駆け上がっていく方法でした。

タモリ、明石家さんま、浜田雅功など多くの芸人が司会業や俳優などに転身してタレント寿命を延ばして活躍していますが、志村けんが司会の『天才！志村どうぶつ園』を見ていると、もともとコントで演じるキャラの濃い志村けんは出てきません。素ではただの人のいいおじさん志村けんが恥ずかしながらも近藤春菜やタカアンドトシのトシにツッコまれ、大御所なのにいじられる姿を見ることができます。微笑ましい番組です。本来の志村けんは照れ屋であり真面目な人のようです。

しかし、コントでは個性の強いキャラを作り、台本と舞台の上では振り切れる演技ができるようです。コントのキャラになりきることで、九紫火星のパワーを手に入れ、コメディアンとして一世を風靡することができたのです。

志村けんはコロナウィルスによる肺炎で惜しまれながらも2020年3月に亡くなりました。

ファン気学では志村けんのキャラは八白土星キャラ。キャラ変更してはいけないキャラです。本格的な俳優活動を始める矢先の死亡のニュース。NHK連続テレビ小説での重鎮の作曲家の役が最後の姿となってしまいました。もともと生まれ持った五黄土星タイプの気質を活かした本格的な俳優業への転身だったと思いますが、神様は志村けんを喜劇王のまま天国に送ったような気がしてなりません。

3　ベースタイプごとのパワーアップ方式

①一白水星タイプは六白金星スキルでパワーアップ

アフターコロナ時代、一白水星タイプは環境の変化に合わせて、やめるべきことを決断して表に出ていく準備をする時期です。次の事業の仕込み、情報収集や講座の受講などのインプットの時期です。メンターを求め、いろんな人に会いに行くことをおすすめいたします。

足で稼いだ新しい出会いが次の扉を開くはずです。

・決断力をアップする
・メンターを探す

にはどうすればよいか。

五行思想の相生によると金生水（金より水が生ず）ですので、この金の性質を持つ六白金星、七赤金星の性質が一白水星タイプをパワーアップさせてくれます。

特に六白金星のスキルである

・ビジネス運アップ
・決断力アップ
・神仏のご加護を得る
・リーダーシップ力アップ

がアフターコロナ時代の一白水星タイプのパワーアップの鍵を握っています。

六白金星のスキルアップのためには六白金星の力を強めるラッキーアクション

がおすすめです。

・ボランティアをする	・寄付をする	・神社に参拝する
・お城に行く	・スポーツ観戦する	・ドライブをする
・何かの会を主催する	・高級洋菓子を食べる	
・新しいことやベンチャーに投資する		・展望台に行く

メンターを探す際にも六白金星生まれの経営者にビジネスセンスや危機をチャンスに変える方法について師事することをおすすめいたします。

また六白金星の性質を高めていくラッキーアイテムを身近に置くと決断力がアップしていくのでおすすめです。

・貴金属	・宝石	・時計
・自動車	・パソコン	・電車
・金庫	・帽子	・城
・龍	・ライオン（獅子）	・犬

ついでに六白金星を表すラッキーカラーのゴールド・シルバーのアイテムにすれば一石二鳥です。

例えばゴールド・シルバーの時計やアクセサリー、自動車などです。

一白水星タイプは川の流れのように、もともと柔軟な性格の人が多いです。

アフターコロナの時代は川に大きなダムを建設して、水の流れをコントロールする力を身に着けることをおすすめします。

②二黒土星タイプは九紫火星スキルでパワーアップ

アフターコロナの時代、二黒土星タイプは周りの人の注目が当たりやすい年ので、周りの人に寄り添っていくことが大事な時期です。

五行思想の相生によると火生土（火より土が生ず）ですので、この火の性質を持つ九紫火星の性質が二黒土星タイプをパワーアップさせてくれます。

特に九紫火星のスキルである

・一芸に秀でる
・専門性を身に着ける
・持ち前の才能を発揮する
・表に出る

がアフターコロナ時代の二黒土星タイプのパワーアップの鍵を握っています。

九紫火星のスキルアップのためには九紫火星の力を強めるラッキーアクションがおすすめです。

・YouTuber、ライバーデビューする
・タレントとして表に出る
・赤・紫など派手な洋服を着る
・新しいプロフィール写真を撮る
・いつもよりも高い美容院に行く
・おしゃれな眼鏡をかける
・コンサルティングを受ける
・アートを鑑賞する
・映画を観る
・メンターに会う
・読書をする
・図書館に行く
・馬券を買ってみる

またトーク力を磨いていく上でも九紫火星タイプのタレント・芸人の方にトークスキルや危機を笑いに変える方法について学んでみることをおすすめいたします。
例えば、明石家さんま（1955年7月1日生まれ）の司会スキルは必見です。
ひな壇の出演者の受け答えに対してしっかりノリツッコミをしたり、司会者自らボケたりしながら最後全て笑いに変えて場を盛り上げていくスキルは、講師のファシリテーションスキルとして見るととても高度なものです。

上沼恵美子（1955年4月13日生まれ）の手厳しい毒舌を吐きながら、その奥にある惜しみない愛情で最後まで詰めない語り口で、なおかつ最後はしっかり笑いを取るトークスキルは、コンサルティングで相手に行動を起こしてもらう上でとても勉強になります。

また九紫火星の性質を高めていくラッキーアイテムを身近に置くと気配り力がアップしていくのでおすすめです。

・眼鏡	・辞書	・地図
・書籍	・雑誌	・文具
・鏡	・アクセサリー	・指輪
・イヤリング	・化粧品	・クジャク
・金魚	・エビ	・アジサイ
・ラベンダー	・ひまわり	

ついでに九紫火星を表すラッキーカラーの赤・紫のアイテムにすれば一石二鳥です。例えば赤色のアクセサリーや紫色の手帳などです。

二黒土星タイプは地道にコツコツ努力して、行動力がある方が多いです。
アフターコロナの時代は人々を惹きつけ、最後は笑いに変える一芸を身に着けることをおすすめします。

③三碧木星タイプは一白水星スキルでパワーアップ

アフターコロナ時代の三碧木星タイプは新たなステージに変わります。目標を立てしっかり準備をしっかり行うことをおすすめします。

五行思想の相生によると水生木（水より木が生ず）ですので、この水の性質を持つ一白水星の性質が三碧木星タイプをパワーアップさせてくれます。

特に一白水星のスキルである

・自分の内面に目を向ける
・悩みを相談する
・禊をして身体を整える

がアフターコロナ時代の三碧木星タイプのパワーアップの鍵を握っています。

一白水星のスキルアップのためには一白水星の力を強めるラッキーアクションがおすすめです。

・睡眠を良く取る
・瞑想する
・海に行く
・占い師やカウンセラーに相談にする
・知人と温泉に行く
・オンラインサロンやZoomを始める
・病気を治す
・スマホ決済サービスを使ってみる
・新しいことを始める
・ウェブをスマホ対応で作る
・人の相談に乗る
・知人と酒を飲む、魚料理を食べる
・知人と海でバーベキューをする

心と体の疲れを取るために塩分の強い海辺の温泉に入って、地元の海産物を食べ、お酒の飲みながらしっかり睡眠を取ることで、一白水星のエネルギーをチャージできます。

そして広い海を見ながら物思いにふけるなどして日常から離れてみることで、気分がすっきりするはずです。

また一白水星の性質を高めていくラッキーアイテムを身近に置くと目標設定力がアップしていくのでおすすめです。

・ベルト	・魚	・水槽
・くし	・ペン	・酒
・ろうそく	・仏像、お札	・人形
・ロボット	・ネズミ	・カエル
・トカゲ	・カタツムリ	・椿
・梅	・蓮	

ついでに一白水星を表すラッキーカラーの黒・白・グレーのアイテムにすれば一石二鳥です。

例えば黒色のペン、白色のろうそくなどです。

三碧木星タイプは直感ですぐ行動できる方が多いです。

だからこそアフターコロナの時代はじっくり自分の内面を見つめ、精神統一することをおすすめします。

④四緑木星タイプは一白水星スキルでパワーアップ

アフターコロナの時代、四緑木星タイプは運気も上昇しはじめていきます。具体的な行動をどんどんしていきましょう。応援してくれる人を集めるための会を行うなどしてコミュニティを作りはじめることがおすすめです。環境の変化をウォッチして、人々の動きに合わせた施策を考えていくことも大切です。

・応援してくれる人を集める
・人々の変化を観察する
ためにはどうすればよいか。

五行思想の相生によると水生木（水より木が生ず）という考えがあり、この水の性質を持つ一白水星の性質が四緑木星タイプをパワーアップさせてくれます。

特に一白水星のスキルである

・人脈を広げる
・人の相談に乗ってあげる
・IT の研究、活用をする

がアフターコロナ時代の四緑木星タイプのパワーアップの鍵を握っています。

一白水星のスキルアップのためには一白水星の力を強めるラッキーアクションがおすすめです。

・睡眠を良く取る
・瞑想する
・海に行く
・占い師やカウンセラーに相談にする
・知人と温泉に行く
・オンラインサロンや Zoom を始める
・病気を治す
・スマホ決済サービスを使ってみる
・新しいことを始める
・ウェブをスマホ対応で作る
・人の相談に乗る
・知人と酒を飲む、魚料理を食べる
・知人と海でバーベキューをする

コロナウィルスの影響で大規模で人と直接会うイベントやセミナーは制限されています。こういう時代だからこそ、ITの研究や活用をしていくことで、人とネットを使ってつながっていく必要があります。

また一白水星の性質を高めていくラッキーアイテムを身近に置くと人々の変化をウォッチする力がアップしていくのでおすすめです。

・ベルト	・魚	・水槽
・くし	・ペン	・酒
・ろうそく	・仏像、お札	・人形
・ロボット	・ネズミ	・カエル
・トカゲ	・カタツムリ	・椿
・梅	・蓮	

ついでに一白水星を表すラッキーカラーの黒・白・グレーのアイテムにすれば一石二鳥です。
例えば黒色やグレーの魚やカエルの置物などです。

四緑木星タイプはもともと相手に合わせて人間関係を結んでいく力があります。
アフターコロナの時代はより多くの人に会って、人と人とのつながりを広げ深めていくことをおすすめします。

⑤五黄土星タイプは九紫火星スキルでパワーアップ

アフターコロナ時代の五黄土星タイプは運気も好調の時期。環境の変化の波に乗って自らも積極的に変わっていく時期です。

五行思想の相生によると火生土（火より土が生ず）ですので、この火の性質を持つ九紫火星の性質が五黄土星タイプをパワーアップさせてくれます。

特に九紫火星のスキルである

・専門性を身に着ける
・コンサルティングを受ける

がアフターコロナ時代の五黄土星タイプのパワーアップの鍵を握っています。

九紫火星のスキルアップのためには九紫火星の力を強めるラッキーアクションがおすすめです。

・YouTuber、ライバーデビューする
・タレントとして表に出る
・赤・紫など派手な洋服を着る
・新しいプロフィール写真を撮る
・いつもよりも高い美容院に行く
・おしゃれな眼鏡をかける
・コンサルティングを受ける
・アートを鑑賞する
・映画を観る
・メンターに会う
・読書をする
・図書館に行く
・馬券を買ってみる

九紫火星の仕事である、学者、法律家、会計士、医者、鑑定士、講師、作家、評論家などいわゆる先生と呼ばれる専門家に向いています。先生としてセミナーやコンサルティングが行えるような専門性を身に着けたり、これまでの経歴を棚卸ししてノウハウの整理をすることがアフターコロナの時期は大事です。

また九紫火星の性質を高めていくラッキーアイテムを身近に置くとプロフェッショナルとしての根と芽が伸びていくのでおすすめです。

・眼鏡	・辞書	・地図
・書籍	・雑誌	・文具
・鏡	・アクセサリー	・指輪
・イヤリング	・化粧品	・クジャク
・金魚	・エビ	・アジサイ
・ラベンダー	・ひまわり	

ついでに九紫火星を表すラッキーカラーの赤・紫のアイテムにすれば一石二鳥です。

例えば赤色の眼鏡や紫色の書籍カバーや鏡などです。

五黄土星タイプは行動しはじめるまでは時間がかかりますが、やりはじめると成し遂げるまで徹底できる馬力がある方が多いです。

アフターコロナの時代は先生になるために知識を掘り下げ、体系化することをおすすめします。

⑥六白金星タイプは八白土星スキルでパワーアップ

アフターコロナ時代の六白金星タイプは運気も最高潮。いろんな人と繋がり、奉仕することで運気が開いていきます。

五行思想の相生によると土生金（土より金が生ず）ですので、この土の性質を持つ二黒土星、八白土星の性質が六白金星タイプをパワーアップさせてくれます。

特に八白土星のスキルである

・改革する
・悪い習慣を止める

がアフターコロナ時代の六白金星タイプのパワーアップの鍵を握っています。

八白土星のスキルアップのためには八白土星の力を強めるラッキーアクションがおすすめです。

・ワーカホリックを見直す・貯蓄を始める　・身内のお墓参りに行く
・家族サービスをする　・悪い癖をやめる　・ダイエットを始める
・自分で全てやらずに誰かに仕事を任せる　・ホテル・旅館に泊まる
・物事を仕切りなおす、再出発する　・目標を立てて行動する

これまでと同じことをやっていても同じところにしか行けないものです。

コロナ下で環境の変化が起こっているからこそ、異次元の飛躍を目指すためにも、これまでの仕事や生活スタイルをゼロリセットすることで、イノベーションが起こってきます。

また八白土星の性質を高めていくラッキーアイテムを身近に置くと良いのでおすすめです。

・家　・倉　・山
・積み木　・傘　・机
・牛　・虎　・竹

ついでに八白土星を表すラッキーカラーのベージュのアイテムにすれば一石二鳥です。

例えばベージュ色の傘や木製の家の模型や積み木、机などです。

六白金星タイプは「すぐやる！」と決めることができる決断力があり、「すぐ動く！」行動力もある方が多いです。

アフターコロナの時代は「やらない！」と決めて、新しい道を探していくことをおすすめします。

⑦七赤金星タイプは二黒土星スキルでパワーアップ

アフターコロナの時代の七赤金星タイプは自ら積極的に動いてもなかなか結果に結びつきにくく、かえってトラブルが発生してしまいがちな時期です。また本来の宴会部長キャラもコロナ下で飲み会が開きづらくなっていて力が発揮できない状態です。

五行思想の相生によると土生金（土より金が生ず）ですので、この土の性質を持つ二黒土星、八白土星の性質が七赤金星タイプをパワーアップさせてくれます。

特に二黒土星の性質である

・周りの人を応援する
・誰かの裏方やサポート役に徹する

がアフターコロナ時代の七赤金星タイプのパワーアップの鍵を握っています。

二黒土星のスキルアップのためには二黒土星の力を強めるラッキーアクションがおすすめです。

・人や子供を育てる　・人に教える　・家事を手伝う
・コツコツ働く　・和菓子を食べる　・病気のお見舞いに行く
・動物を飼う、草木を育てる　・公園に行く
・コミュニティの事務局や幹事をする　・倹約してお金を貯める
・誰かのサポート役、補佐役をする

また二黒土星の性質を高めていくラッキーアイテムを身近に置くとグラウンディング力が上がって周りの人をサポートしていく力が上がっていくのでおすすめです。

・棚	・じゅうたん	・畳
・座布団	・陶磁器	・壺
・鉢	・猿	・カラス
・こけ	・盆栽	

ついでに二黒土星を表すラッキーカラーのブラウンのアイテムにすれば一石二鳥です。

例えば備前焼きの湯飲みや茶色の座布団などです。

七赤金星タイプは周りが大変な状況でも意外と本人は脳天気な方が多いです。

アフターコロナの時代は困っている周りの人に気を配り、元気になってもらうことで、応援力を身に着けることをおすすめします。

⑧八白土星タイプは九紫火星スキルでパワーアップ

アフターコロナ時代の八白土星タイプは収穫の年です。これまで築いていたビジネスやお客様を大切にして、人間力を高めながら事業を安定化させていくことが大事です。

五行思想の相生によると火生土（火より土が生ず）ですので、この火の性質を持つ九紫火星の性質が八白土星タイプをパワーアップさせてくれます。

特に九紫火星のスキルである

・知性と感性を磨く

がアフターコロナ時代の八白土星タイプのパワーアップの鍵を握っています。

九紫火星のスキルアップのためには九紫火星の力を強めるラッキーアクションがおすすめです。

・YouTuber、ライバーデビューする
・タレントとして表に出る
・赤・紫など派手な洋服を着る
・新しいプロフィール写真を撮る
・いつもよりも高い美容院に行く
・おしゃれな眼鏡をかける
・コンサルティングを受ける
・アートを鑑賞する
・映画を観る
・メンターに会う
・読書をする
・図書館に行く
・馬券を買ってみる

人間力を高めていく上でメンター探しがおすすめですが、昔の偉人の伝記や書籍、古典を読むことでも時代を超えて学ぶことができます。

また九紫火星の性質を高めていくラッキーアイテムを身近に置くと人間性を高めていくきっかけがつかめるのでおすすめです。

・眼鏡
・書籍
・鏡
・イヤリング
・金魚
・ラベンダー
・辞書
・雑誌
・アクセサリー
・化粧品
・エビ
・ひまわり
・地図
・文具
・指輪
・クジャク
・アジサイ

ついでに九紫火星を表すラッキーカラーの赤・紫のアイテムにすれば一石二鳥です。

例えば赤色の金魚の置物や紫色のラベンダーの花などです。

八白土星タイプはもともと目標を立ててコツコツ努力できる方が多いです。

アフターコロナの時代は人間的に一回り大きくなるために教養を身に着け、師匠につくことをおすすめします。

⑨九紫火星タイプは四緑木星スキルでパワーアップ

アフターコロナ時代の九紫火星タイプはこれまでやってきたことを長期的に振り返り、感謝の心で周りの人と接することが、今後何をなすべきか、何を止めるべきか考えていくきっかけになるはずです。

・長期的に振り返る
・感謝の想いを伝える
ためにはどうしたらよいか。

五行思想の相生によると木生火（木より火が生ず）ですので、この木の性質を持つ三碧木星、四緑木星の性質が九紫火星タイプをパワーアップさせてくれます。

特に四緑木星のスキルである

・旅行に行く
・事務所や自宅の整理整頓をする

がアフターコロナ時代の九紫火星タイプのパワーアップの鍵を握っています。

四緑木星のスキルアップのためには四緑木星の力を強めるラッキーアクションがおすすめです。

・旅行に行く	・手紙を書く	・ブログを書く
・SNSで紹介する	・引っ越しする	・部屋の模様替えをする
・香・アロマを使う	・溜まった書類を片付ける	
・靴を買う	・小鳥を飼う	・仲人をする

ご無沙汰している人に改まって手紙を書くと、今の時代、ちょっとびっくりされるかもしれません。

でも旅先の絵葉書や写真付きのSNSメッセージなど理由を付けてメッセージに添えて感謝の気持ちと近況報告を伝えるだけでも喜ばれるはずです。

また室内の整理整頓をしたり、部屋の模様替えをすると、気分を一新できます。

その上昔の資料を見ているとこれまでの時間の流れと成長の過程を振り返ることができるので、一石二鳥です。

また四緑木星の性質を高めていくラッキーアイテムを身近に置くと振り返り力を高めていくきっかけがつかめるのでおすすめです。

・飛行機	・風船	・お香
・香水	・扇風機	・扇子
・手紙	・絵葉書	・靴
・ヘビ	・鳥	・チョウ
・トンボ	・ユリ	・蘭
・杉	・木製のアイテム	

ついでに四緑木星を表すラッキーカラーのグリーンのアイテムにすれば一石二鳥です。

例えばグリーンの鳥、お香などです。

九紫火星タイプは自分の才能や感性が豊かで自分の内面と向き合う方が多いです。

アフターコロナの時代は少し息抜きして、これまで応援してくれた方への恩返しをすることおすすめします。

第11章
ラッキーエネルギーをチャージしてお客様に幸運を届ける

1　ラッキーエネルギーをチャージしてラッキー体質になる

ここまで、各ベースタイプの特徴やキャラを作ってファンを増やす方法や、ファンになってもらうためのコミュニケーションの取り方についてご説明してきました。またベースタイプ別のビジネス開発、スキル開発のための方法をご説明いたしました。

その上で、幸運を引き寄せるラッキー体質になるためのラッキーエネルギーをチャージする方法を説明します。これは、自分のベースタイプが持っていないエネルギーでベースタイプの体質に合うエネルギーをチャージするということです。

ベースタイプごとに合うエネルギーが異なります。ラッキーエネルギーの種類はタイプごと、生まれ月ごとに異なり最大4種類あります。

ラッキーエネルギーの種類が少ないということはすでにバランスが取れている人で、集中してエネルギーをチャージすれば開運レベルがアップしていきます。またラッキーエネルギーの種類が多い人は種類が多すぎで目移りしやすく、それぞれのエネルギーをちょこちょこ取っていても開運レベルはアップしにくいです。まず1種類集中してエネルギーチャージすると開運レベルが上がったと実感しやすいはずです。

ラッキー体質になることで、お客様により幸運を届けることができるようになり、より多くの人々を幸せにすることができます。その結果巡り巡って幸運が自分にもやってきます。

各ベースタイプ別、生まれた月別にラッキーエネルギーをご説明します。

うるう年は区切りが前後する場合がありますので、うるう年生まれで区切り前後の日に生まれた方は万年暦でご確認ください。

2　ベースタイプ別のラッキーエネルギー

201 ～ 203ページに各ベースタイプ別にまとめました。

左端の数字は誕生日です。

3　ラッキーカラーを使ってラッキーエネルギーをチャージする

ラッキーエネルギーをチャージするためにまずおすすめするのは、身に着ける服やアイテムの色をラッキーカラーにすることです。自分に足りないエネルギーの色の服やアイテムを身に着けるだけで、毎日エネルギーがチャージできますし、エネルギーチャージのための努力の必要がありません。身に着けるだけで、ベースタイプの性格を丸くすることができ、他のタイプの人とのコミュニケーションもスムーズに進みます。

一白水星エネルギー：白色、黒色、グレー
二黒土星エネルギー：茶色全般、黄色
三碧木星エネルギー：青色全般
四緑木星エネルギー：緑色全般
六白金星エネルギー：金色、銀色
七赤金星エネルギー：ピンク、オレンジ
八白土星エネルギー：ベージュ、黄色
九紫火星エネルギー：赤色、紫色

ラッキーエネルギー

2/4 ～ 3/5	六白金星エネルギー、七赤金星エネルギー
3/6 ～ 4/4	六白金星エネルギー
4/5 ～ 5/5	七赤金星エネルギー
5/6 ～ 6/5	六白金星エネルギー、七赤金星エネルギー
6/6 ～ 7/6	三碧木星エネルギー
7/7 ～ 8/7	四緑木星エネルギー
8/8 ～ 9/7	六白金星エネルギー、七赤金星エネルギー
9/8 ～ 10/8	三碧木星エネルギー、四緑木星エネルギー
10/9 ～ 11/7	三碧木星エネルギー、四緑木星エネルギー
11/8 ～ 12/6	六白金星エネルギー、七赤金星エネルギー
12/7 ～ 1/5	六白金星エネルギー
1/6 ～ 2/3	七赤金星エネルギー

ラッキーエネルギー

2/4 ～ 3/5	八白土星エネルギー、七赤金星エネルギー
3/6 ～ 4/4	六白金星エネルギー、七赤金星エネルギー
4/5 ～ 5/5	八白土星エネルギー
5/6 ～ 6/5	九紫火星エネルギー、六白金星エネルギー、七赤金星エネルギー
6/6 ～ 7/6	八白土星エネルギー、六白金星エネルギー
7/7 ～ 8/7	八白土星エネルギー、七赤金星エネルギー
8/8 ～ 9/7	九紫火星エネルギー、八白土星エネルギー、六白金星エネルギー、七赤金星エネルギー
9/8 ～ 10/8	九紫火星エネルギー
10/9 ～ 11/7	九紫火星エネルギー
11/8 ～ 12/6	八白土星エネルギー、七赤金星エネルギー
12/7 ～ 1/5	六白金星エネルギー、七赤金星エネルギー
1/6 ～ 2/3	八白土星エネルギー

ラッキーエネルギー

2/4 ～ 3/5	九紫火星エネルギー
3/6 ～ 4/4	一白水星エネルギー、九紫火星エネルギー
4/5 ～ 5/5	一白水星エネルギー、九紫火星エネルギー
5/6 ～ 6/5	九紫火星エネルギー
6/6 ～ 7/6	四緑木星エネルギー
7/7 ～ 8/7	四緑木星エネルギー
8/8 ～ 9/7	九紫火星エネルギー
9/8 ～ 10/8	一白水星エネルギー
10/9 ～ 11/7	一白水星エネルギー
11/8 ～ 12/6	九紫火星エネルギー
12/7 ～ 1/5	一白水星エネルギー、九紫火星エネルギー
1/6 ～ 2/3	一白水星エネルギー、九紫火星エネルギー

ラッキーエネルギー

2/4 〜 3/5	九紫火星エネルギー
3/6 〜 4/4	一白水星エネルギー
4/5 〜 5/5	一白水星エネルギー
5/6 〜 6/5	九紫火星エネルギー
6/6 〜 7/6	一白水星エネルギー、九紫火星エネルギー
7/7 〜 8/7	一白水星エネルギー、九紫火星エネルギー
8/8 〜 9/7	九紫火星エネルギー
9/8 〜 10/8	三碧木星エネルギー
10/9 〜 11/7	三碧木星エネルギー
11/8 〜 12/6	九紫火星エネルギー
12/7 〜 1/5	一白水星エネルギー
1/6 〜 2/3	一白水星エネルギー

ラッキーエネルギー

2/4 〜 3/5	九紫火星エネルギー、八白土星エネルギー、六白金星エネルギー、七赤金星エネルギー
3/6 〜 4/4	六白金星エネルギー、七赤金星エネルギー
4/5 〜 5/5	二黒土星エネルギー、八白土星エネルギー
5/6 〜 6/5	九紫火星エネルギー、二黒土星エネルギー、六白金星エネルギー、七赤金星エネルギー
6/6 〜 7/6	二黒土星エネルギー、八白土星エネルギー、六白金星エネルギー
7/7 〜 8/7	二黒土星エネルギー、八白土星エネルギー、七赤金星エネルギー
8/8 〜 9/7	(男性) 二黒土星エネルギー、八白土星エネルギー、六白金星エネルギー (女性) 二黒土星エネルギー、八白土星エネルギー、七赤金星エネルギー
9/8 〜 10/8	九紫火星エネルギー
10/9 〜 11/7	九紫火星エネルギー
11/8 〜 12/6	九紫火星エネルギー、八白土星エネルギー、六白金星エネルギー、七赤金星エネルギー
12/7 〜 1/5	六白金星エネルギー、七赤金星エネルギー
1/6 〜 2/3	二黒土星エネルギー、八白土星エネルギー

ラッキーエネルギー

2/4 〜 3/5	二黒土星エネルギー、八白土星エネルギー、七赤金星エネルギー
3/6 〜 4/4	一白水星エネルギー
4/5 〜 5/5	一白水星エネルギー
5/6 〜 6/5	八白土星エネルギー、七赤金星エネルギー
6/6 〜 7/6	七赤金星エネルギー
7/7 〜 8/7	二黒土星エネルギー、八白土星エネルギー
8/8 〜 9/7	二黒土星エネルギー、七赤金星エネルギー
9/8 〜 10/8	二黒土星エネルギー、八白土星エネルギー、一白水星エネルギー
10/9 〜 11/7	八白土星エネルギー、七赤金星エネルギー
11/8 〜 12/6	二黒土星エネルギー、八白土星エネルギー、七赤金星エネルギー
12/7 〜 1/5	一白水星エネルギー
1/6 〜 2/3	一白水星エネルギー

ラッキーエネルギー

2/4 ～ 3/5	二黒土星エネルギー、六白金星エネルギー
3/6 ～ 4/4	二黒土星エネルギー、六白金星エネルギー
4/5 ～ 5/5	二黒土星エネルギー、八白土星エネルギー、一白水星エネルギー
5/6 ～ 6/5	二黒土星エネルギー、八白土星エネルギー、六白金星エネルギー
6/6 ～ 7/6	一白水星エネルギー
7/7 ～ 8/7	一白水星エネルギー
8/8 ～ 9/7	八白土星エネルギー、六白金星エネルギー
9/8 ～ 10/8	六白金星エネルギー
10/9 ～ 11/7	二黒土星エネルギー、八白土星エネルギー
11/8 ～ 12/6	二黒土星エネルギー、六白金星エネルギー
12/7 ～ 1/5	二黒土星エネルギー、六白金星エネルギー
1/6 ～ 2/3	二黒土星エネルギー、八白土星エネルギー、一白水星エネルギー

ラッキーエネルギー

2/4 ～ 3/5	九紫火星エネルギー、六白金星エネルギー、七赤金星エネルギー
3/6 ～ 4/4	六白金星エネルギー、七赤金星エネルギー
4/5 ～ 5/5	二黒土星エネルギー
5/6 ～ 6/5	二黒土星エネルギー、六白金星エネルギー
6/6 ～ 7/6	二黒土星エネルギー、六白金星エネルギー
7/7 ～ 8/7	二黒土星エネルギー、七赤金星エネルギー
8/8 ～ 9/7	九紫火星エネルギー、二黒土星エネルギー、六白金星エネルギー、七赤金星エネルギー
9/8 ～ 10/8	九紫火星エネルギー
10/9 ～ 11/7	九紫火星エネルギー
11/8 ～ 12/6	九紫火星エネルギー、六白金星エネルギー、七赤金星エネルギー
12/7 ～ 1/5	六白金星エネルギー、六白金星エネルギー
1/6 ～ 2/3	二黒土星エネルギー

ラッキーエネルギー

2/4 ～ 3/5	二黒土星エネルギー、八白土星エネルギー
3/6 ～ 4/4	三碧木星エネルギー
4/5 ～ 5/5	四緑木星エネルギー
5/6 ～ 6/5	八白土星エネルギー
6/6 ～ 7/6	三碧木星エネルギー、四緑木星エネルギー
7/7 ～ 8/7	三碧木星エネルギー、四緑木星エネルギー
8/8 ～ 9/7	二黒土星エネルギー
9/8 ～ 10/8	二黒土星エネルギー、八白土星エネルギー
10/9 ～ 11/7	二黒土星エネルギー、八白土星エネルギー
11/8 ～ 12/6	二黒土星エネルギー、八白土星エネルギー
12/7 ～ 1/5	三碧木星エネルギー
1/6 ～ 2/3	四緑木星エネルギー

上から下まで同じ色になるとコーディネートができなくなるので、まずは財布や名刺入れなどいつも身に着けるものからラッキーカラーのアイテムを取り入れてみることをおすすめします。いつも目に留まるので、だんだんその色が持つラッキーエネルギーを手に入れることができるようになります。あと極力ベースタイプと同じエネルギーを持つ色は身に着けるのを控えましょう。ベースタイプを必要以上に強めてしまうと、周りの印象を悪くします。

4　ラッキーフードを食べてラッキー体質になる

ラッキーエネルギーをチャージするために次のおすすめは、自分にとってのラッキーフードを食べることです。外出の自粛要請が続いた結果、自宅で料理する楽しみに目覚めた方も多くいるでしょう。自分に足りないエネルギーの食べ物を食べるだけで、自分にとって足りないエネルギーを毎日チャージできますし、確実になりたい自分に近づいていきます。手軽にエネルギーチャージができるのでおすすめです。

一白水星エネルギー：魚全般、酒、だし、塩からいもの
二黒土星エネルギー：米、小麦、芋などの炭水化物全般、豆類、あんこ、甘いもの
三碧木星エネルギー：柑橘類の果物、野菜、茶、酸っぱいもの
四緑木星エネルギー：野菜、麺類、酸っぱいもの
六白金星エネルギー：果物全般、洋菓子、揚げ物、巻寿司、点心
七赤金星エネルギー：鶏肉、卵、コーヒー、紅茶、キムチ、カレー、香辛料
八白土星エネルギー：牛肉、イクラなどの魚卵、甘いもの
九紫火星エネルギー：貝類、エビ、カニ、海藻、ニガウリ・ピーマンなど苦いもの

ラッキーフードを食べるポイントは必要なラッキーエネルギーをチャージすると意識して食べることと、何がなんでも毎食ラッキーエネルギーをチャージしようとラッキーフードを食べ続け根詰めてやろうとしないことです。私の場合は

ラッキーエネルギーが一白水星エネルギー・二黒土星エネルギー・八白土星エネルギーですので、肉か魚かメニューが選べるならば、一白水星エネルギーをチャージできる魚を選びますし、洋菓子と和菓子を選べるならば、二黒土星エネルギーをチャージできるあんこが入った和菓子を選ぶようにしています。気軽に楽しく食べ続けることで、ラッキーエネルギーを意識し続けることが大切です。

5　ベースタイプ別・ラッキーフードでラッキー体質になる

①一白水星タイプ編

一白水星タイプのラッキーフードは五行思想の相生によると水生木（水より木が生ず）ですので、木の性質をもつ三碧木星エネルギーや四緑木星エネルギーの食材はラッキーフードとして気持ちをリフレッシュしてくれます。

三碧木星エネルギーや四緑木星エネルギーのラッキーフード

・野菜	・オレンジ	・酢
・緑茶、紅茶	・うどん	・蕎麦
・パスタ	・ごぼう	・フキ
・薫製したもの		

おすすめメニューはバジルソースのパスタとグリーンサラダをバルサミコ酢をかけていただきます。

三碧木星エネルギーや四緑木星エネルギーのラッキーフードの効果は気持ちを整え、前向きな気持ちにさせてくれるところです。食べて続けていくと、だんだんその気になっていくことができます。

②二黒土星タイプ編

二黒土星タイプのラッキーフードは五行思想の相生によると土生金（土より金が生ず）

ですので、金の性質をもつ六白金星エネルギーや七赤金星エネルギーの食材が二黒土星タイプにとってはラッキーフードです。

六白金星エネルギーや七赤金星エネルギーの性質のラッキーフードは心を喜ばせ、気分がウキウキしてきます。

六白金星エネルギーや七赤金星エネルギーのラッキーフード

・メロン	・リンゴ	・栗
・アイスクリーム	・チョコレート	・ケーキ
・天ぷら	・とんかつ	・から揚げ
・餃子	・コーヒー	・キムチ
・鶏肉	・卵	

おすすめメニューはチョコレートケーキを食べながらコーヒーを3時のおやつにいただきます。

六白金星エネルギーや七赤金星エネルギーのラッキーフードの効果は楽しい気分にしてくれるところです。食べて続けていくと、だんだんその気になっていくことができます。

③三碧木星タイプ編

三碧木星タイプのラッキーフードは五行思想の相生によると木生火（木は燃えて火を生む）

ですので、火の性質をもつ九紫火星エネルギーの食材が三碧木星タイプにとってラッキーフードです。

九紫火星エネルギーのラッキーフードは脳の働きを活性化してくれます。

九紫火星エネルギーのラッキーフード

・海藻	・海苔	・トマト
・ピーマン	・カニ	・エビ
・貝	・ゴーヤー	・干物
・馬肉	・漢方薬	

おすすめメニューはブイヤベースやアサリのパスタ、トマトベースのボンゴレロッソならなお良いですね。

九紫火星エネルギーのラッキーフードの効果は気持ちを明るくしてくれることです。

食べて続けていくと、だんだんその気になっていくことができます。

④四緑木星タイプ編

四緑木星タイプのラッキーフードは五行思想の相生によると木生火（木は燃えて火を生む）ですので、火の性質をもつ九紫火星エネルギーの食材が四緑木星タイプにとってラッキーフードです。

九紫火星エネルギーの性質のラッキーフードを食べると新しいアイデアが湧いてきます。

九紫火星エネルギーのラッキーフード

・海藻	・海苔	・トマト
・ピーマン	・カニ	・エビ
・貝	・ゴーヤー	・干物
・馬肉	・漢方薬	

おすすめメニューはエビのチリソース、海鮮を入れた八宝菜などです。

九紫火星エネルギーのラッキーフードの効果は気持ちを明るくしてくれることです。食べて続けていくと、だんだんその気になっていくことができます。

⑤五黄土星タイプ編

五黄土星タイプのラッキーフードは五行思想の相生によると土生金（土より金が生ず）

ですので、金の性質をもつ六白金星エネルギーや七赤金星エネルギーの食材が五黄土星タイプにとってはラッキーフードです。

六白金星エネルギーや七赤金星エネルギーのラッキーフードは心が晴れて、気分が上がってきます。

六白金星エネルギーや七赤金星エネルギーのラッキーフード

・メロン	・リンゴ	・栗
・アイスクリーム	・チョコレート	・ケーキ
・天ぷら	・とんかつ	・から揚げ
・餃子	・コーヒー	・キムチ
・鶏肉	・卵	

おすすめメニューは鶏のから揚げにキムチを添えて一緒にいただきます。

六白金星エネルギーや七赤金星エネルギーのラッキーフードの効果はスカッとして清々しい気分にしてくれるところです。
食べて続けていくと、だんだんその気になっていくことができます。

⑥六白金星タイプ編

六白金星タイプのラッキーフードは五行思想の相生によると金生水（金より水が生ず）
ですので、水の性質をもつ一白水星エネルギーの食材が六白金星タイプにとってはラッキーフードです。
一白水星エネルギーのラッキーフードは心が落ち着き、もやもやが浄化されていきます。

一白水星エネルギーのラッキーフード

・魚	・イカ	・タコ
・お刺身	・豆腐	・大根
・白菜	・日本酒	・ビール
・牛乳	・アメ	・醤油
・味噌	・塩	・オリーブオイル
・スポーツドリンク	・味噌汁	

おすすめメニューは湯豆腐をつまみに日本酒をいただきます。

一白水星エネルギーのラッキーフードの効果は気分がすっきりするところです。
食べて続けていくと、だんだんその気になっていくことができます。

⑦七赤金星タイプ編

七赤金星タイプのラッキーフードは五行思想の相生によると金生水（金より水が生ず）

ですので、水の性質をもつ一白水星エネルギーの食材が七赤金星タイプにとってはラッキーフードです。

一白水星エネルギーのラッキーフードは心が落ち着き、浄化されていきます。

一白水星エネルギーのラッキーフード

・魚	・イカ	・タコ
・お刺身	・豆腐	・大根
・白菜	・日本酒	・ビール
・牛乳	・アメ	・醤油
・味噌	・塩	・オリーブオイル
・スポーツドリンク	・味噌汁	

おすすめメニューはお刺身に大根と白菜の味噌汁をいただきます。

一白水星エネルギーのラッキーフードの効果は気分がすっきりするところです。

食べて続けていくと、だんだんその気になっていくことができます。

ただ、七赤金星タイプは「これがいい」と、体を壊すまで食べたり飲んだりしてしまう傾向があるので、ラッキーフードはほどほどにしてください。

⑧八白土星タイプ編

八白土星タイプのラッキーフードは五行思想の相生によると土生金（土より金が生ず）ですので、金の性質をもつ六白金星エネルギーや七赤金星エネルギーの食材が八白土星タイプにとってはラッキーフードです。

六白金星エネルギーや七赤金星エネルギーのラッキーフードは心が晴れて、気分が上がってきます。

六白金星エネルギーや七赤金星エネルギーのラッキーフード

- メロン
- リンゴ
- 栗
- アイスクリーム
- チョコレート
- ケーキ
- 天ぷら
- とんかつ
- から揚げ
- 餃子
- コーヒー
- キムチ
- 鶏肉
- 卵

八白土星タイプのおすすめメニューはカレーライスにゆで卵やとんかつをトッピングしていただきます。

六白金星エネルギーや七赤金星エネルギーのラッキーフードの効果は清々しい気分にしてくれるところです。

食べて続けていくと、だんだんその気になっていくことができます。

⑨九紫火星タイプ編

九紫火星タイプのラッキーフードは五行思想の相生によると火生土（火より土が生ず）ですので、土の性質をもつ二黒土星エネルギーや八白土星エネルギーの食材が九紫火星タイプにとってはラッキーフードです。

二黒土星エネルギーや八白土星エネルギーのラッキーフードは心を安定させ、グラウンディングができます。

二黒土星エネルギーや八白土星エネルギーのラッキーフード

・米	・豆	・あんこ
・お餅	・もなか	・団子、おはぎ
・かまぼこ	・おでん	・鍋料理
・ラム肉	・牛肉	・たらこ
・いくら		

おすすめメニューは牛丼とおはぎ。お腹の底から力が湧いてきますね。

二黒土星エネルギーや八白土星エネルギーのラッキーフードの効果は不安を払しょくし何事にも動じなくなり、落ち着いて物事に対応できるようになります。

食べて続けていくと、だんだんその気になっていくことができます。

第５部

アフターコロナ時代で生き残るために

時流とチャンスをつかむ

第12章
9年周期の運気トレンドで時流をつかむ

1　2020年コロナ危機を暦で読み解く

コロナウィルスの感染拡大で変化の波が押し寄せてきました。2020年の年始にこれだけの変化を誰が予測できたでしょうか。

年賀状で使う干支を使うと、未来の方向性を予測することができます。

西洋文明が入ってくる前、東洋人は時間の流れや変化を暦により予測していました。

東洋人の暦の時間を図る単位、干支を使った十干十二支で優れていたのは、過去を振り返り、未来を予測することです。

十干は甲・乙・丙・丁・戊・己・庚・辛・壬・癸の10種類
十二支は子・丑・寅・卯・辰・巳・午・未・申・酉・戌・亥の12種類

これらを使って、日常生活では感覚的に把握しづらい長い時間の流れを読んでいました。

中国や日本では古代から干支を使って年月日を記載する方法を取ってきました。

このおかげで、1300年前に完成した日本で最も古い歴史書『日本書紀』も干支で日付が記載されていて、いつ何が起こったか、今でもしっかり把握することができます。

干支という物差しの興味深いことは組み合わせが60通りあるので60個で一巡します。つまり60年ごと同じ事象が起きるという考えです。つまり60年前など過去の出来事から今を予測できるということです。

今でこそ日本人の平均寿命は80歳を超えるまでになりましたが、戦前は60歳前後でした。

まさに還暦の60歳になるとお祝いするほどの平均寿命だったのです。

明治時代の平均寿命は40代、それ以前の時代になると平均寿命が30代程度だったという研究もあります。

口伝えで天災や事件などを伝承していくには限界があったはずですし、科学も今ほど発達していませんでした。未来を予測するために、干支を使って、過去何が起こったか研究していたのです。

干支でひも解くと2020年は庚(かのえ)の子(ね)という年です。

十干の庚というのは植物の生長が止まって新たな形に変化しようとする状態で庚は更新の意味を持ち、物事が変わっていくことを表しています。

そして十二支の子は、完了の「了」とはじまりの「一」を意味し、終わりと新たな始まりを意味します。

60年前の1960年も庚子の年でした。

この年に日米安全保障条約が締結され、所得倍増計画によって、その後の10年で日本は高度経済成長期に突入していきました。

420年前（60年×7）の1600年も庚子でした。

この年は関ケ原の戦いがあり、その後260年続く徳川時代の幕開けとも言える年となりました。

庚子という干支は、コロナウィルスによって、世界が激変し、コロナウィルス以前の世界が終わりを告げ、新たな世界の始まったことを教えてくれます。

2　9年周期の運気トレンドで時流をつかむ

コロナ危機をファン気学で解くとどうなるか。

ファン気学では9年周期で運気トレンドが変わると考えています。

2020年は七赤金星の年です。七赤金星が中心の年は経済やお金に関する話題が出てきやすい年になります。

前回の七赤金星の年、2011年は東日本大震災の影響を受けて、経済はマイナス成長。

前々回の七赤金星の年、2002年はデフレ不況の影響を受けて、経済ほぼゼロ成長。

その前の七赤金星の年、1993年はバブル崩壊の影響を受けて、経済はマイナス成長。

この失われた30年と言われる平成不況の時代においては、ことごとく経済が芳しくない年です。

過去の七赤金星年を振り返ると経済問題が起こるべくして起きたといっても過言ではありません。

その年の人間の運勢も9つのベースタイプごと9年周期で運気の上がり下がりを繰り返しています。それはまるで1年365日が春夏秋冬の四季に分けられているのと同じようです。

季節ごとに、気候が違うために季節ごとに着る服を変えて生活するように、今、自分がどこの運気にいるか、その運気に合わせてどのように対応していくことができるかがわかるようになると、チャンスをつかみやすくなります。

9年をどのように季節を当てはめていくかと言うと、
1年目　新年（冬と春の間）
2年目　春　（前半…季節で言うと3月～4月中旬）
3年目　春　（後半…季節で言うと4月中旬～5月）
4年目　夏　（前半…季節で言うと6月～7月中旬）
5年目　夏　（後半…季節で言うと7月中旬～8月）
6年目　秋　（前半…季節で言うと9月～10月中旬）
7年目　秋　（後半…季節で言うと10月中旬～11月）
8年目　冬　（前半…季節で言うと12月～1月中旬）
9年目　冬　（後半…季節で言うと1月中旬～2月）

上記のようなトレンドで運気が循環していきます。

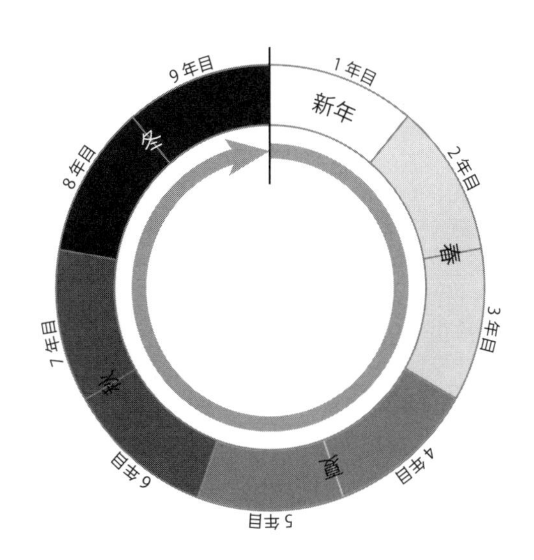

3 ベースタイプ別・アフターコロナ時代の運気トレンド

①一白水星タイプのアフターコロナ時代の運気トレンド

一白水星タイプの2020年からの9年間の運気トレンドをご紹介いたします。

2020年は冬の前半、季節で言うと12月～1月中旬
2021年は冬の後半、季節で言うと1月中旬～2月
2022年は新年、ここで9年の運気トレンドは新たなステージに変わります。
2023年は春の前半、季節で言うと3月～4月中旬
2024年は春の後半、季節で言うと4月中旬～5月
2025年は夏の前半、季節で言うと6月～7月中旬
2026年は夏の後半、季節で言うと7月中旬～8月
2027年は秋の前半、季節で言うと9月～10月中旬
2028年は秋の後半、季節で言うと10月中旬～11月に位置付けられます。

アフターコロナの時代、一白水星タイプは冬の時期を迎え、運気が足踏み状態になります。

これまで上がった運気のステージを維持して安定化させる時期です。木々が葉を落として冬、そして翌年の春に備えるように、これまで取り組んできて芽が出なかった事業や取り組みをいったん辞めてみたり、再検討して、変化を起こす時期です。

コロナ下による環境の激変に合わせて、継続すること、やめるべきことを決断しなければなりません。身を切るような経営改革を行ったり、リストラクチャリングを行いながら、身軽にならないと生き残ることも難しくなります。

また、次の春、2023年に備えて仕込みを始める時期です。高運期ではアウトプットを行い、成長や成果を出すことに目が行きがちですが、この時期は動きが

止まりがちになります。日本酒の仕込みは稲刈りが終わった11月から2月までに行われます。冬の時期だからこそ事業の仕込み、情報収集や講座の受講などのインプットの時期です。新規事業のアイデアのためや、日々の業務のスキルアップなど、春から秋の高運期ではできない取り組みを始めましょう。

厳しい環境に置かれることもありますが、メンターを求め、いろいろな人に会いに行くことをおすすめいたします。足で稼いだ新しい出会いが次の扉を開くはずです。

コロナで状況が停滞しているからと言って、自らも冬眠して思考停止状態になって止まっていては、どんどん状況は悪化していきます。日々の作業のスキルアップや業務改善など、新しい出会いからヒントを得てバージョンアップを進めていきましょう。

まず第一歩は何か現状打開のためのアイデアを求め、師を探しに交流会や勉強会に行くことをおすすめします。そして2022年に新たなビジョンを設定して次のステージの準備を行い、2023年から新しい取り組みの種を巻いていくのが、運気トレンドに合わせたビジネスの進め方になります。

②二黒土星タイプのアフターコロナ時代の運気トレンド

二黒土星タイプの2020年からの9年間の運気トレンドをご紹介いたします。

2020年冬の後半、季節で言うと1月中旬～2月
2021年は新年
ここで9年の運気トレンドは新たなステージに変わります。
2022年は春の前半、季節で言うと3月～4月中旬
2023年は春の後半、季節で言うと4月中旬～5月
2024年は夏の前半、季節で言うと6月～7月中旬
2025年は夏の後半、季節で言うと7月中旬～8月
2026年は秋の前半、季節で言うと9月～10月中旬

2027年は秋の後半、季節で言うと10月中旬～ 11月
2028年は冬の前半、季節で言うと12月～ 1月中旬に位置付けられます。

アフターコロナの時代、運気も停滞、辛抱の時期です。これまで溜まった不満や不要なものが気になる時期です。それほど忙しい時期ではないので、いろいろ周りのアラが目につき、指摘しがちになってしまいます。ただ二黒土星タイプ本人の運気が落ち込んでいるため、感情的にもなりやすく、声高に正論を唱えがちになりますが、それがかえって周りの反感を買いやすい時期でもあります。持ち前の真面目さと行動力で真正面から周囲を変えようと奔走しても周囲の理解が得られにくい状況です。おせっかいや老婆心は裏目に出てしまいます。

二黒土星タイプ本人はマイペースで、いつもの調子でやっているかもしれません。

自分は正しいと思っていても周りの環境や周りの人々の置かれている状況が変わっていることに気づきにくい傾向があります。

また二黒土星タイプは普通にやっていても活動が目に留まりやすいので何をやっても周囲の嫉妬を買いやすい状況です。だからこそ自分の正義や志はポケットにしまい、周りからの攻撃はさらりと受け流す。特にコロナ下では環境の激変に合わせて、周りの人に寄り添っていくことがより求められます。

今人々に求められているのは、くだらない笑いや心の余裕です。ピエロや落語家のように馬鹿をやりながら、人々に笑いを届ける。心に潤いを与える話芸やマジックなどの笑いを届ける芸を磨いていくことをおすすめします。

人々に寄り添いながら新たな長期ビジョンを設定して、2022年から新しい取り組みの種を巻いていくのが、運気トレンドに合わせた事業の進め方になります。

③三碧木星タイプのアフターコロナ時代の運気トレンド

三碧木星タイプの2020年からの9年間の運気トレンドをご紹介いたします。

2020年は新年
ここで9年の運気トレンドは新たなステージに変わります。
2021年は春の前半、季節で言うと3月～4月中旬
2022年は春の後半、季節で言うと4月中旬～5月
2023年は夏の前半、季節で言うと6月～7月中旬
2024年は夏の後半、季節で言うと7月中旬～8月
2025年は秋の前半、季節で言うと9月～10月中旬
2026年は秋の後半、季節で言うと10月中旬～11月
2027年は冬の前半、季節で言うと12月～1月中旬
2028年は冬の後半、季節で言うと1月中旬～2月に位置付けられます。

アフターコロナの時代、運気トレンドは新たなステージに変わります。
今後の計画、ヴィジョンを定め目標を立てることをおすすめいたします。今後どうなっていたいかじっくり考え、そのためのロードマップを作っていくことが大事です。
そうすると、これまででやり残したこと、積み残しの問題があることに気づきます。これまで積み重なった問題を解決しておかないと、突然の劇的な環境の変化に合わせてスピーディな対応が取れなくなって、変化の波に飲み込まれてしまいます。困ったら気のおけない仲間や友人に相談するとよいでしょう。
三碧木星タイプは、止まっていることが苦手でいつでも前に進みたい気質です。
でも無理せず、しっかり準備をしっかり行い、新たな長期ビジョンを設定してから新しい取り組みの種を巻いていくのが、運気トレンドに合わせた事業の進め方になります。

④四緑木星タイプのアフターコロナ時代の運気トレンド

四緑木星タイプの2020年からの9年間の運気トレンドをご紹介いたします。

2020年は春の前半、季節で言うと3月～4月中旬
2021年は春の後半、季節で言うと4月中旬～5月
2022年は夏の前半、季節で言うと6月～7月中旬
2023年は夏の後半、季節で言うと7月中旬～8月
2024年は秋の前半、季節で言うと9月～10月中旬
2025年は秋の後半、季節で言うと10月中旬～11月
2026年は冬の前半、季節で言うと12月～1月中旬
2027年は冬の後半、季節で言うと1月中旬～2月
2028年は新年
9年の運気トレンドは新たなステージに変わります。

アフターコロナの時代、運気も上昇し始めていきます。季節の春から秋の良い時期のように、高運期が始まります。具体的に目に見える準備を始めましょう。起業するもよし、新規事業を始めるもよし、新しい取り組みをするもよし。将来の成功イメージを見据えて具体的な行動をどんどんしていきましょう。やりたいことを応援してくれる人を集めるためのパーティをやったり、交流会を行うなどしてコミュニティを作り始めることもおすすめです。

コロナ下で劇的な環境の変化が起こり、人々のニーズや動向もこれまでとは違った動きをしていきます。人々の変化を観察して、人々の動きに合わせた施策を行うことが大切です。

いつもと同じ職場で、同じことをしていても人々の変化はつかめません。

そのためには視察旅行がおすすめです。非日常で出会う新たな発見や変化の兆しが新しいことを始める上でチャンスとなるはずです。いろいろな場所に出かけて、人々の変化をウォッチすることをおすすめします。

⑤五黄土星タイプのアフターコロナ時代の運気トレンド

五黄土星タイプの2020年からの9年間の運気トレンドをご紹介いたします。

2020年は春の後半、季節で言うと4月中旬～5月
2021年は夏の前半、季節で言うと6月～7月中旬
2022年は夏の後半、季節で言うと7月中旬～8月
2023年は秋の前半、季節で言うと9月～10月中旬
2024年は秋の後半、季節で言うと10月中旬～11月
2025年は冬の前半、季節で言うと12月～1月中旬
2026年は冬の後半、季節で言うと1月中旬～2月
2027年は新年
9年の運気トレンドは新たなステージに変わります。
2028年は春の前半、季節で言うと3月～4月中旬に位置付けられます。

アフターコロナの時代は気温も上がり、天候も良く過ごしやすい季節のように、運気も好調の時期。どんどん行動すると運勢が急に動きだしていきます。できるだけ多くの人に会う時期です。

新しいチャンスの芽が出てくる時期ですが、仕事も人間関係も予想外のことが発展してきて、そちらがメインになることもあります。悪い種は芽が出ず、悪い芽は枯れて、良い芽だけ伸びていきます。芽が出て発展していくものを楽しんで伸ばしていきましょう。

そしてアフターコロナの劇的な環境の変化の波に乗って自らも積極的に変わっていく時期です。

五黄土星タイプはどちらかと言うと、自分が動くのではなく、相手が動いてくれるのを待つ傾向があります。でも相手が動くのを待つのではなく、自分から動く、自分から相手に働きかけていく必要があります。

待っていては環境の変化に飲み込まれて手遅れになってしまいます。どんどん足で稼いで、どこまでも積極的に行動するのです。

アフターコロナの時代は新しいドアを開けてがんがん行動して成長の芽を出しましょう。

⑥六白金星タイプのアフターコロナ時代の運気トレンド

六白金星タイプの2020年からの9年間の運気トレンドをご紹介いたします。

2020年は夏の前半、季節で言うと6月～7月中旬
2021年は夏の後半、季節で言うと7月中旬～8月
2022年は秋の前半、季節で言うと9月～10月中旬
2023年は秋の後半、季節で言うと10月中旬～11月
2024年は冬の前半、季節で言うと12月～1月中旬
2025年は冬の後半、季節で言うと1月中旬～2月
2026年は新年
9年の運気トレンドは新たなステージに変わります。
2027年は春の前半、季節で言うと3月～4月中旬
2028年は春の後半、季節で言うと4月中旬～5月に位置付けられます。

アフターコロナの時代は気温が上がっていくように運気もどんどん上がっていきます。

伸びてきた芽はどんどん茎が伸びて幹になり、枝が伸びて葉が生い茂っていくように、口コミが増え、信用ができて、事業が軌道に乗ってきます。また、1人で起業した人ならば、ようやく起業時は赤字だったのが黒字化のめどが立ち、また社員を増やしていく余裕も出てくる時期です。

現状に縛られずに「こうなりたいヴィジョン」を描き、ありえないようなストレッチ目標を立てて行けるところまで行くべきです。

前年比110%くらいの成長を目指すならば、今までの延長線上で努力すればいくかもしれません。

でも500%成長、異次元の飛躍を目指すならこれまでの仕事と同じやり方をしていても絶対到達しません。

ヴィジョンを社内に浸透させ、社長と部下、男性と女性、チーム内の異質な価値観の化学反応で新たなイノベーションを起こす必要があります。

ジョン・F・ケネディが1961年に10年以内に月に到達すると宣言したことで科学技術が飛躍的に進歩し1969年にアポロ11が月に到達することができました。

アフターコロナの時代では環境の変化で人々は混乱しています。六白金星タイプは未来に旗を立ててみんなを導いていきましょう。

それがみんなのリーダーたる六白金星タイプに期待されていることなのです。

⑦七赤金星タイプのアフターコロナ時代の運気トレンド

七赤金星タイプの2020年からの9年間の運気トレンドをご紹介いたします。

2020年は夏の後半、季節で言うと7月中旬～8月
2021年は秋の前半、季節で言うと9月～10月中旬
2022年は秋の後半、季節で言うと10月中旬～11月
2023年は冬の前半、季節で言うと12月～1月中旬
2024年は冬の後半、季節で言うと1月中旬～2月
2025年は新年
9年の運気トレンドは新たなステージに変わります。
2026年は春の前半、季節で言うと3月～4月中旬
2027年は春の後半、季節で言うと4月中旬～5月
2028年は夏の前半、季節で言うと6月～7月中旬に位置付けられます。

アフターコロナの時代は運気も高い状態ですが、自ら先頭に立って活動しようとしてもなかなか結果に結びつかないのがこの時期です。七赤金星タイプは運気が良い時に周りにチヤホヤされると自分に実力があると勘違いしがち。調子に乗りすぎてかえって嫌われてしまう傾向があります。

こういう運気の強い時こそ、下心なく、無心で相手を喜んでもらうようにふるまいをしたり、周りの人を応援してあげることが大切です。社内やチームのモチベーションアップや慰労を兼ねて、職場のスタッフと慰安旅行に行ったり、飲み会を開いて飲みニケーションがおすすめです。

運気が高い時期だからこそ、コミュニティの事務局や飲み会の幹事など裏方に回ることもおすすめです。1人の力で多くの人を元気づけることができますし結果的に七赤金星さんに多くの人が集まってきます。

アフターコロナの時代は、環境の変化で混乱も起こります。混乱の時期だからこそ、応援力が内の結束を高め、ワンチームで荒波が来ても乗り切ることができます。自分だけ成果が出ても、チームも会社も世界も良くなりません。1人の力を10倍にも100倍にもするには、みんなで成果を出せるように周りを応援していく必要があります。

七赤金星タイプがもともと持っている才能である応援力で、アフターコロナの時代を乗り切りましょう。

⑧八白土星タイプのアフターコロナ時代の運気トレンド

八白土星タイプの2020年からの9年間の運気トレンドをご紹介いたします。

2020年は秋の前半、季節で言うと9月～10月中旬
2021年は秋の後半、季節で言うと10月中旬～11月
2022年は冬の前半、季節で言うと12月～1月中旬
2023年は冬の後半、季節で言うと1月中旬～2月
2024年は新年

9年の運気トレンドは新たなステージに変わります。
2025年は春の前半、季節で言うと3月～4月中旬
2026年は春の後半、季節で言うと4月中旬～5月
2027年は夏の前半、季節で言うと6月～7月中旬
2028年は夏の後半、季節で言うと7月中旬～8月に位置付けられます。

アフターコロナの時代は収穫の時期で、充実しています。
これまでの活動の総決算、事業も利益が上がってきます。より大型案件も来るようになります。
いろんな話や支援の声がかかるようになり、多忙を極めてきます。選択と集中を行いながら乗っていきましょう。目に見える成果が出てきます。これまでの努力や経験が積み重なって充実していています。
八白土星タイプはもともとコツコツ努力して物事を前に進めていくのが得意です。でもアフターコロナの時代は新規で新たな取り組みをゼロから始め、前に進めることに注力するのではなく、これまで築いていたビジネスやお客様を大切にしながら、事業を安定化させていくことが大事です。
その上で、企業や事業の社会的責任を考えていく時期に来ました。まずは自身がボランティアや公職に就いて活動して奉仕することをおすすめします。世間の見えないニーズをくみ取り、その課題を会社として事業としてどう考えていくか、広い視点で問題解決を考えていくと、新たな方向性が見えてくるはずです。
また自身の社会的な役割を考えていく上で古典を読んで、昔の偉人の言葉に耳を傾けたり、外部のコンサルタントの力を借りることも大切です。
人間力を高めながら経営者としての今後の立ち位置を高めていきましょう。

⑨九紫火星タイプのアフターコロナ時代の運気トレンド

九紫火星タイプの2020年からの9年間の運気トレンドをご紹介いたします。

2020年は秋の後半、季節で言うと10月中旬〜11月
2021年は冬の前半、季節で言うと12月〜1月中旬
2022年は冬の後半、季節で言うと1月中旬〜2月
2023年は新年
9年の運気トレンドは新たなステージに変わります。
2024年は春の前半、季節で言うと3月〜4月中旬
2025年は春の後半、季節で言うと4月中旬〜5月
2026年は夏の前半、季節で言うと6月〜7月中旬
2027年は夏の後半、季節で言うと7月中旬〜8月
2028年は秋の前半、季節で言うと9月〜10月中旬に位置付けられます。

アフターコロナの時代はこれまでの高運期を終え、一段落。

11月下旬に行われる新嘗祭に代表される収穫祭のように、これまで種をまき、育てて実を付け収穫した事業を振り返るタイミングです。自分が思う方向に周りの人々を引っ張ろうとしても周りの人々は他の方向に行こうとしていてついてきにくい時期です。

本来は同じ目標に向かう仲間であっても置かれている状況や立場によっては、違う意見であったり、対立することもあります。

コロナ下の環境の変化に対して九紫火星タイプは先が見えすぎてしまいますが、それがいかに正しくても、相手を感情的に論破してしまうと、変化が感じ取れない周りの人は反感を持ってしまい、人間関係がこじれてしまいます。ただ周りの人々の調和は必要ですが、周りの意見に流される必要はありません。

広い視野を持って、相手の置かれている環境や状況を理解してあげると対立軸とは違ったところに双方の合意できる到達点があったりします。

アフターコロナの時代はこれまでの事業を長期的に振り返り、感謝の集いを行い、お客様や支援者に感謝の想いを伝えてみることをおすすめします。

心の余裕を持つことで、相手の本音が見抜け、良い人間関係を築くことができるはずです。

その上でやるべきこととやめることを決める経営改革を行ったり、リストラクチャリングを行いながら、2023年に新たなビジョンを設定して、2024年から新しい取り組みの種をまいていくのが、運気トレンドに合わせた事業の進め方になります。

4　9年の運気トレンドを活かした起業の仕方

9年周期の運気トレンド。9年を四季で表現し、各年でどのような心構えと行動をすればよいか。弊社の起業を例にご紹介していきます。

【運気トレンド1年目、新年】

運気トレンドの1年目の新年、季節で言うと冬と春の間に位置付けられます。

9年で運気も最も厳しい時期ですが、底を打ちます。

神社に初詣をするように、ぜひ神社に参拝し、今後の9年の計画、ヴィジョンを定め目標を立てることをおすすめいたします。

監修の増田は2008年7月、50歳の時に起業しています。

2008年は増田にとって運気トレンドの1年目。

2007年に増田の娘が宝塚歌劇団を退団し、まさに9年の運気トレンドの終焉の年でした。

2008年2月、5月に九星気学の大家故村山幸徳先生の講座に参加した際、たびたび村山先生から

「なぜ運勢が強いのに起業しない」

と起業を促されたそうです。

またコーチングの大家、本間正人先生からも

「娘さんのイベント企画などで会場をいろいろ知っているなら、セミナープロデュース業で起業したら」

とアドバイスを受け、恩師に背中を押される形で起業したそうです。

本人は娘の卒業の後、自身の先の見通しが見えない、何をやったらよいかわからない状態があったそうですが、周りの応援、助言で一歩を踏み出したのです。

運気トレンドの新年を迎える年は満年齢で言うと32歳、41歳、50歳、59歳、その多くは厄年にあたります。

環境の変化が大きく、災難が多いので注意を払う必要があると言われていますが、変化をポジティブに捉えて前向きに変化の年を乗り切りましょう。

自身では先が見えない時期だからこそ、メンターのアドバイスや神社への参拝による開運で道を開くことがこの時期大切です。

増田は運勢が強いと言われ最も厳しい時期に起業しましたが、危なげなく起業するには運気トレンドの2年目や3年目の春の季節に起業することをおすすめします。

【運気トレンド2年目、春の前半】

運気トレンドの2年目は春の前半。季節で言うと3～4月中旬に位置付けられます。

冬の寒さが和らぎ、気温が暖かくなるように、運気も上昇し始め、5年の高運期が始まります。

5年後の成功イメージを見据えて大地を耕し、土づくり、基盤づくりを始める時期です。

運気トレンド2年目、弊社の場合2009年はマツダミヒロさん、佐藤伝さんをはじめとして多くの講師の方のセミナーを企画した年でした。多くの講師の方と知り合い、そして受講生の方とのネットワークを広げていった、まさに事業の基盤づくりの年でした。

バレンタインデーに、マツダミヒロさんに王子様のような白いスーツ姿で来てもらい、受講生みんなでバレンタインチョコレートをあげるというファン心理を突いた企画などもプロデュースしていました。

その後マツダミヒロさんのコミュニティ運営のコンサルティングをすることを考えると2009年にミヒロさんのセミナーを企画したご縁が大きかったと言えます。

また2009年から増田はそれまで学んでいたコーチング、NLP、九星気学などのスキルを活かして経営者向けのコンサルティングも始めています。起業する前の宝塚にいた娘のファンクラブ運営でのファン対応に苦労してコーチングなどの心理学を学んでいました。季節で言うと秋から冬の時代に学んでいたことが春になってようやく芽が出たということになります。

高運期に事業を伸ばすための基盤づくりの時期である運気トレンドの2年目。

基盤づくりのためにいろいろネットワークを広げることが大事ですがそれ以上に、起業前の2－3年でいかに事業の種を仕込んでおくか、その準備のためのインプットが大事であると言えます。

【運気トレンド3年目、春の後半】

運気トレンドの3年目は春の後半、季節で言うと4月中旬～5月。

5年の高運期の2年目です。昨年耕した大地に種をまく時期です。どんどん行動し、運勢が急に動きだしていきます。

新しいチャンスの芽が出てくる時期で、予想外のことが発展してきて、そちらがメインになることもあります。

運気トレンド3年目、弊社の場合、2010年1月から増田が異業種交流会BNIに所属し、多くの経営者、税理士、弁護士をはじめとしたコンサルタントの方々と切磋琢磨していました。

1業種1社の交流会で「ファンクラブコンサルタント」というカテゴリーで交流会に入ったのですが、

「そもそもファンクラブコンサルタントって何？」

という状態で定義はもちろん、明確なサービスすらない状態でした。

毎週水曜日朝の会で自身のビジネスのプレゼンテーションをしたり、ビジネスの紹介をしあったりしながら交流を広げ、BNIの経営者のみなさんや士業の先生にアドバイスいただきながら弊社のビジネスをブラッシュアップしていきました。

お客様のご要望を形にしていった結果、コンサルティング、ウェブ制作、顧客データの整備、メルマガ配信、SNSブランディングなど弊社のサービス体系が確立されていきました。

2010年2月に120名規模のセミナーをやって以降セミナープロデュース業をいったん休止し、6月からファン作りやファンコミュニティ運営のコンサルティング事業に特化しました。起業当初とは違った展開に会社は発展していきました。

高運期の運気トレンド3年目。どんどん種をまき、どんどん行動し、サービスをブラッシュアップし続け事業の芽を伸ばしていきましょう。

【運気トレンド4年目、夏の前半】

運気トレンドの4年目は夏の前半、季節で言うと6月～7月中旬に位置付けられます。

口コミが増え、信用ができて、事業が軌道に乗ってきます。

弊社の場合2011年1月から増田が「あなたのファンをつくりませんか」というブログを開始しました。毎日1記事、ファン作りやファン心理、ファンクラブやコミュニティ運営などのノウハウをコツコツ書き続け、ブログの読者を増やしていきました。

個人事業主のコーチやセラピストの人、美容サロンや飲食店などお店をやっている人などこれまでの集客とは違ったお客様にどうやってリピートしていただきファンになっていただくかという切り口のブログは大変ご評価いただき、3か月でブログの読者が1000人になりました。

6月からセミナーを企画したところ、毎回満席が続き2か月で100名の方々にお越しいただきました。

セミナーの受講生の方からコンサルティングの依頼も増え、経営コンサルタントの方のスクール運営を始め、美容サロンや社団法人などのコンサルティングをスタートいたしました。

ファン作りの記事を毎日ブログで書くことでノウハウを体系化できました。それによってその後のコンサルティングや出版にとても役に立ちました。

高運期の運気トレンド4年目。事業の信用力を作る上で、ノウハウの体系化をすることをおすすめします。

【運気トレンド5年目、夏の後半】

運気トレンドの5年目は夏の後半、季節で言うと7月中旬～8月に位置付けられます。

5年の高運期の4年目。2011年後半に始まった経営コンサルタントの方のスクールに加えて2012年1月からマツダミヒロさんのコミュニティのコンサルティング、大手出版社の顧客管理のコンサルティングなどファン作りのノウハウを踏まえたコンサルティングなど大型プロジェクトが複数立ち上がり忙しくなりました。おかげで弊社の事業も安定してきました。

またこの頃、ブログで書き溜めたファン作りのノウハウを商業出版したいと出版社の編集者にアプローチしていました。

何度も何度も出版企画書を練っては提出していましたが、「実績がない」「売れない」など、あまりにも目新しすぎて企画が通らない状態が続いていました。

今振り返ると増田は八方塞がりの年なので時期が悪かったのでした。

高運期の運気トレンド5年目。軌道に乗った事業を安定させて無理をしないことが大事です。

【運気トレンド6年目、秋の前半】

運気トレンドの6年目は秋の前半、季節で言うと9月～10月中旬。

5年の高運期の最終年。収穫の年です。5年間の活動の総決算、事業も利益が上がってきます。

いろんな話や支援の声がかかるようになり、目に見える成果が出てきます。

弊社の2013年は銀座の女性コミュニティ、銀座なでしこ会の立ち上げの1年でした。

話をいただき2か月で立ち上げ。短期間の立ち上げだったため、それまで裏方に徹していた弊社も表立って事務局としてプロモーションを積極的に行いました。

2月の立ち上げパーティは250名の方に参加いただき、ラジオ、新聞などに取り上げられ、会が発足しました。講演会、宝塚観劇会、銀座画廊巡り、コンサートなどイベント企画運営に忙しい1年でした。

また出版の話がようやくまとまり2014年1月に増田の初の著書『人もお金も流れ込んでくる集客術　ファンクラブのつくり方』（中村悦子名義、すばる舎）が出版されました。そもそものきっかけはクライアントから出版したいという依頼を受け、出版関係者に相談を持ち掛けたところ、
「それより増田さんが出版した方がいいんじゃないか」
というお声かけをいただき、あれよあれよという間に出版が決まりました。
ブログでノウハウを書き始め足掛け3年。ようやく弊社もファン作りの第一人者として認められるところまでやってきました。

運気トレンド6年目。忙しい年ですが6年のうち最も充実した年になりました。

【運気トレンド7年目、秋の後半】

運気トレンドの7年目は秋の後半、季節で言うと10月中旬～ 11月に位置付けられます。
収穫した事業を振り返り、今後のやるべきこととやめることを決める経営改革を行っていく時期です。

弊社の2014年は3月に出版記念と設立5周年パーティを行うことができました。本のお披露目をするとともに、お客様や会社設立からご支援いただいた皆様への感謝の気持ちをお伝えする会をさせていただきました。70名を超える方々にお集まりいただきました。

1月に出版した著書『人もお金も流れ込んでくる集客術　ファンクラブのつくり方』はアマゾン総合2位、部門1位になり、その後初版5000部が完売いたしました。
また出版に伴い講演をする機会をいただくようになりました。港区、品川区、渋谷区、武蔵野市、多摩市などの商工会議所や東京弁護士会などで講演をさせて

いただき、中小企業や店舗、弁護士をはじめとした士業の方々がファン作りを必要とされていることをひしひしと感じました。

運気トレンド7年目。出版した書籍の内容をもとに、講演にも力を入れていきました。

【運気トレンド8年目、冬の前半】

運気トレンドの8年目は冬の前半、季節で言うと12月〜1月中旬に位置付けられます。
運気も停滞しがちになり高運期である春から秋にかけて上がった運気のステージを維持して安定化させる時期です。
それまでの7年間取り組んできて芽が出なかった事業や取り組みをいったんやめてみたり、再検討して、変革を起こす時期です。
また次の事業の仕込み、情報収集や講座の受講などのインプットの時期です。

弊社の2015年は1月より芸能プロダクション「ROSES プロダクション」を始動しました。
増田の娘の同期の元タカラジェンヌの芸能活動をサポートをするために、モデル事務所と提携し、映画や舞台のキャスティング、イベントでのプレゼンターの案件などに取り組み、新たな業界でのチャレンジを始めました。
また1冊目の書籍『ファンクラブの作り方』のご縁で作詞家、劇団、ダンサー、歌手、古典芸能の役者の方からのコンサルティング依頼も増え、芸能関係の事業に重きを置く1年になりました。

また6月に2冊目『売上が劇的にアップ！ お客様を虜にして離さない「ファンづくり」の法則』（中村悦子名義、大和出版）の出版と出版記念パーティを行いました。九星気学の故村山幸徳先生のセミナーでのご縁があった出版社の編集者の方のご尽力で出版することができました。

2014年に引き続き世田谷区、川崎市、所沢市、狭山市、上尾市などの商工会議所にて講演を行いました。

運気トレンド8年目。新しい事業の取り組みを始めた年になりました。

【運気トレンド9年目、冬の後半】

運気トレンドの9年目は冬の後半、季節で言うと1月中旬～2月に位置付けられます。

運気も停滞、辛抱の時期です。そして、次のステージに向けて仕込みをする時期で情報収集や講座の受講などのインプットの時期です。

弊社の2016年は学びの年でした。再度九星気学を学ぼうと故村山幸徳先生の気学講座に行ったところ、

『易を学べ』

と言われ、1年かけて易経を学びました。易経を学んだことで

「占いはウラナリ…社会の事象の裏側を占いで出た卦から読み解く」

という村山先生の教えは学べたように思えます。

易の占断や陰陽や八卦、六十四卦など易の考え方は弊社でのその後の経営にとても役立っています。その後村山先生は体調を崩され、結果的に易の最後の受講生になってしまいました。

またクライアントのコンサルティングのご縁で出会った名古屋の高僧の方に世の中のことわりを学ばせていただきました。学んだ教えによってその後の弊社のステージが飛躍的に上ったように思えます。

本業では広告マーケティングの老舗出版社、宣伝会議主催の講座である『コ

ミュニティ活用講座』で春と秋の2回講師として登壇いたしました。コミュニティ活用の第一人者として大企業のマーケティング担当者向けにコミュニティの立ち上げ、運営、活用のステップごとの運営ノウハウを講演いたしました。

運気トレンド9年目。ファンクラブコンサルタントとしての到達点を迎えるとともに、次のステージに向けた学びの時期となりました。

【運気トレンド2巡目】

運気トレンドの10年目は1年目と同じ新年、季節で言うと冬と春の間に位置付けられます。
今後の9年の計画、ヴィジョンを定め目標を立てることをおすすめいたします。

弊社の2017年はターニングポイントとなる年でした。
ウェブサイトの制作やSEO対策のコンサルティングなどウェブマーケティング関連のコンサルティングが増えてきました。SEOの知識やスキルを習得するためにウェブマーケティングの合宿に参加して、コンテンツマーケティングの先端の知識を習得したりITの専門家の方々との交流は刺激になりました。
また企業や社団法人の経営コンサルティングも増えてきました。芸能プロダクションの事業はその後進展がなかったため、ROSESプロダクションをROSESコンサルティングに事業変更し、企業の経営コンサルティングに軸を置いた事業展開していきました。
クライアントの皆様に活用させていただくために、九星気学を再度学び直し、体系的な理解を深めていきました。

運気トレンドの2巡目、9年目から10年目の運気の冬の時期を乗り切ることができると、11年目からの次の高運期のステージに突入することができます。

5　起業するなら社長の運気が良い時期に

弊社の起業からの10年を運気トレンドの9年周期で振り返ってみると、いくつかの学びがありました。

まず起業するなら社長の運気が良い春の時期にすべきだということです。

会社の運勢は社長の運勢の影響を最も受けます。

事業を始めて軌道に乗せるまで、2－3年かかるとして、できれば運気が上り調子で追い風の時に起業した方が、軌道に乗りやすいはずです。

逆に運気が下り坂の時に向かい風の中で起業すると、立ち上がるものも立ち上がらず結構苦しい時期が続くのです。

監修の増田は、九星気学の師匠故村山幸徳先生に

「なぜ運勢が強いのに起業しないのか」

と再三言われ起業し、その後起業をすすめられた時期が運勢の悪い時期だったことを知り、そのことを村山先生に言ったところ

「増田は運勢が強いから死なない」

と言われたそうです。

普通の人には運気の悪い時期に起業することはやはりすすめられません。

もちろんすでに事業が軌道に乗った状態で新規事業をするのであれば、運気が良い夏から秋にかけての時期に起業する方法もありますが、ゼロから起業するのであれば、運気が良い時期を長く受け取れる運気トレンド2年目や3年目の春の時期に起業した方がよいわけです。

もし起業を考えるのであればスタートダッシュをするためにも起業の1－2年前の冬の時期に仕込みを始めましょう。

6 運気トレンドの潮目の変化を見極める

弊社の起業からの10年を運気トレンドの9年周期で振り返って気づいた学びがもう一つあります。

それは運気トレンドの潮目の変化を見極めるということです。

弊社の場合は2014年1月の1冊目の出版がターニングポイントでした。

運気の上がっていく2009年から2013年は拡大戦略で会社を軌道に乗せていくことができました。

2014年、2015年も講演や芸能プロダクションなど拡大戦略で新たなことにチャレンジしていきましたが、運気トレンドの下降期での積極策はなかなか軌道に乗らなかったようです。

2016年からようやく易や九星気学、風水をはじめとした東洋哲学やSEOやウェブのアクセス解析などのウェブマーケティングを足掛け3年ほど学びました。

今思えばあと2年早く学び始めていたなら村山先生にもっと教わることができたのにと悔やまれます。

また運気の秋の後半、2014 - 2015年くらいから仕込みを始めていれば、2018年の高運期がスタートした時にロケットスタートできたんだろうなと振り返ってみれば思います。

もちろん新たな学びを怠っていればじり貧になり、次のステージに向かうこともできなかったはずです。

ただ起業を軌道に乗せるのと同様、仕込みもモノになるには2－3年はかかるのが実情です。

運気トレンドが秋の後半になったら読書の秋のごとく、次の9年を見据えた仕込みを始めましょう。

 運気トレンドの下降期に引っ越しで開運

弊社の起業からの10年を運気トレンドの9年周期で振り返って運気トレンドの下降期に取り組んだ試みがあります。

それは運気トレンドの冬の前半時期、2015年に事務所を移転したことです。

運気を上げるべく毎日自分たちにとって良い方位を取る開運行動を取り続けていましたが、次のブレイクスルーに向けて、思い切って事務所を引っ越しました。

その後、2018年あたりから気学や風水のコンサルティングやウェブマーケティングを中心とした経営コンサルティングが増え、上場企業のコンサルティングが増えていったことを考えると運気トレンドの下降期に事務所移転を決行できたことは必要な決断だったと思います。

八方塞がりと言われる運気トレンドの夏の後半の時期、

厄年と言われる運気トレンドの新年の時期、

鬼門と言われる運気トレンドの冬の前半の時期、

厄除けのお寺では方位除けと称してお祓いをすすめられるわけですが、逆に運気が停滞する時期だからこそ、良い方位を取って引っ越しや長期の旅行を仕掛けることで開運することが可能です。

なお、会社の移転、自宅の引っ越しには方位とベストタイミングを調べる必要がございます。ご興味のある方はお問い合わせください。

8　9年前の状況を振り返り未来を予測する

九星気学の考えでは会社や自分自身の運気は9年周期で動いていきます。
今後会社や自分の運気がどんな状態になっていくのかは、過去を振り返るとおおよそつかむことができます。

2020年の運気を考える際、まず2011年はどんな年だったか。
会社の場合は社長の運勢で見ていきます。弊社の場合は監修の増田の運勢で見ていきます。

2011年は2010年末から始めたファン作りのブログが当たり、6月から9月にかけてセミナーを開催いたしました。
コンサルが増えて、後半は、大型案件を同時並行で立ち上げるなど多忙な年でした。
ファン作りのノウハウがブログ、セミナーで体系化され、その内容を踏まえてコンサルティングが増えていく。
まさに形が整う年だったと言えます。
私自身はちょうど八方塞がりの年だったので、増田のサポートに徹した年でした。

ノウハウが整ったおかげで、2年後の2014年1月にブログの内容をベースにしたデビュー作『人もお金も流れ込んでくるファンクラブの作り方』が出版することができました。

ちなみにその9年前、2002年は増田の娘がちょうど宝塚歌劇団に入団した年だったそうです。
その後のファンクラブコンサルタントとして活躍する原点がこの時からスタートしたようです。

9年前に会社や自分がどういう状態だったか振り返ってみると、運勢の大局を読むことができるようになります。

第13章
不測の事態に備え ラッキーアクションを取りながら 日々自己成長し続ける

1 コロナ危機で運が停滞している時は、ラッキーアクションを心がける

コロナ危機で突然仕事がなくなる、物事が思い通りに進まず先が見えないなど運が停滞していると感じる時どうすればよいでしょうか。

神社にお参り、お祓い、掃除、気分転換に食事に出かけるなど気持ちを切り替える行動をして、運をマイナスからゼロにすることも大事です。しかしゼロにしても運気を上げていかないと事態は好転してきません。好転させるためにはプラスの運気を手に入れる行動が必要になってきます。

プラスの運気を手に入れるには、自分にとって良い方角に行ってラッキーアクションをするだけでOKです。

ラッキーアクションを取り続けると自分はラッキーな行動を取り続けているという自信ができるので、その自信がラッキーを引き寄せてきます。そして願いをお願いする力が上がってきます。願いを念じる力が高まってくると行動の達成する力が高まってきます。

またラッキーアクションを取り続けるとラッキーを引き寄せる環境が整ってきます。ラッキーアクションを取り続けているあなたの運気がアップすれば、運気アップしたキラキラオーラに周りのファンや友達が引き寄せられて、友達から新しいチャンスも引き寄せられてきます。

そしてラッキーを引き寄せる感度が上がり、時代の流れに乗りやすくなります。

なぜ、ファン気学を学び実践すると良いか、監修の増田はこのように言います。

・コツコツ努力し続ける「癖」がつく
・自分だけの力でうまくいっているというような、傲慢さがなくなり、謙虚になり、周りに感謝できるようになる
・自分は「生きている」のではなく、「活かされている」ことがわかってくる

増田は、ファンができる人は「努力し続ける才能がある人」と言いますが、まさに努力する習慣づくりにファン気学は役立つのです。
私も増田の行動を見習い、吉方位を取る習慣を続け、ようやく努力し続ける才能が身に着いてきました。前向きに行動する習慣は成功への第一歩と言えるのです。

ラッキーエネルギーを手に入れるラッキーアクションの方法をいくつかご説明します。

2 チャンスをつかみブレイクスルーするために、その年の恵方参りで願掛けする

ラッキーエネルギーをつかむ方角に行くアクションの方法としておすすめなのが恵方(えほう)参りです。

ファンクラブコンサルティングの事業が軌道に乗った頃から出版したいと模索しておりました。
「早く出版しないと業界の第一人者になれないよ」と多くの人に言われてもどうしようもありませんでした。
大手出版社から話が来ても、「前例がない」「実績が少ない」「エッジが立ちすぎている」などの理由で出版には至らず3年困っていました。

そこで増田は一念発起し、その年の良い方位の神社にお参りしチャンスをつかむ恵方参りを行いました。それも立春から百日続けるお百度参りとして、どうしても本を出したいという願掛けを行いました。

その結果、その年の秋に出版の話が舞い込み2014年の1月に1冊目の『人もお金も流れ込んでくる集客術 ファンクラブのつくり方』を出版することができました。

しかもその本は、アマゾンで総合第2位を取るという快挙となりました。

この出版のおかげで企業や有名歌手、アーティストからのコンサルティングも増え、海外からもお客様が来るようになり、研修や講演で呼ばれることも多くなり、まさにファン作り、コミュニティマーケティングの第一人者として認められるようになりました。

恵方参りをお百度参りをする増田から話を聞いて、そこまでするのか？と私は半ば呆れていましたが、お百度参りをやりきり、本当にお願い通りに出版してしまう増田の行動力に驚きました。そしてファン気学の力強さを確信しました。

恵方参りのやり方は簡単です。

毎年の恵方、ラッキーの方位が異なります。

・自宅から見てそのラッキーの方位の神社・仏閣に立春にお参りする。

できれば自宅1キロメートル以上遠い神社・仏閣にお参りする。

それだけです。

皆さん毎年元旦に初詣と称して、地元の氏神様や有名な神社に初詣に行く方が多いと思いますが、江戸時代までは立春、旧暦の元旦にその年の恵方に行くことが初詣でした。

古来のやり方にのっとって、立春にその年の恵方の神社・仏閣に参拝してその年の年神様のお力、ラッキーエネルギーを借ります。

その年のラッキー方位は西暦の年の末尾の数字によって異なります。

0の年（2020年など）	西のやや南寄り
1の年（2021年など）	南のやや東寄り
2の年（2022年など）	北のやや西寄り
3の年（2023年など）	南のやや東寄り
4の年（2024年など）	東のやや北寄り
5の年（2025年など）	西のやや南寄り
6の年（2026年など）	南のやや東寄り
7の年（2027年など）	北のやや西寄り
8の年（2028年など）	南のやや東寄り
9の年（2029年など）	東のやや北寄り

東の方角に行く恵方参りは仕事のチャンスが早くやってきやすいです。
南の方角に行く恵方参りは表に出るチャンスがやってきやすいです。
西の方角に行く恵方参りは金運に恵まれるチャンスがやってきやすいです。
北の方角に行く恵方参りは人脈に恵まれるチャンスがやってきやすいです。

お百度参りと言えば、鎌倉時代頃より行われている祈願の方法でもともとは神社や寺に、百日間毎日参拝するというものです。実際やってみると天候や他の予定で連続百日参拝できなくても、合計百日参拝すれば十分効果は得られます。

百日お参りするとそれだけ願いが叶う力が強まりますが、毎月の一日や新月の日に参拝する一日参りや春分、夏至、秋分、冬至など季節の変わり目に行くのでもかまいません。行ける時には何度参拝してもOKです。

本当に叶えたいことがあるなら、恵方参りをお百度参りすると効果があるはずです。

3　方位を取って、なりたい自分になる

自分にとって相性が良いラッキーエネルギーを取りに行く方角を「吉方（きっぽう）」と言います。

ファン気学では、生まれた年と月を元に、ラッキーエネルギーを導きます。

1976年1月生まれの私の場合は、201ページ〜203ページのラッキーエネルギーの表によると私の相性の良いラッキーエネルギーは一白水星、二黒土星、八白土星の3つです。

ファン気学の9つのエネルギーは毎日、毎月、毎年、一定の法則で動いています。

当日の私の相性の良いエネルギー一白水星、二黒土星、八白土星が動いていく方角に旅行したり、カフェに行ったり温泉に浸かったりしながらエネルギーを充電しに行っています。機会があれば神社にも参拝するようにしています。

吉方に行ってエネルギーの充電をするようになり、かれこれ10年になりますが、吉方に行くようになって物事の流れが良くなったように思えます。

「良い方向に行く行動をし続ける」と「物事が良い方向に流れてくる」

特に会社や事業の経営をしていると、一寸先は闇。

先が見えない不確実性の中で一手一手意思決定をしていかなければなりません。

その確度を上げていくために、ラッキーエネルギーの力を借りる。

吉方を取って、ラッキーエネルギーを充電していくと想像以上にそのご加護があると実感しています。

東、西、南、北、南東、南西、北西、北東の8つ方位にはそれぞれご利益があります。

ご利益を意識し、目的意識を持って神社に行くことで、なりたい自分に開運することができます。参拝することでコミットメントの度合いが強まり、その方位に行くという舵を切る行為そのものが、願いを叶える力を強めます。

自宅から北の神社で人脈を広げる、夫婦仲を良くする

⇨例、東京都庁から日光東照宮、JR大阪駅から大川神社

自宅から北東の神社で生まれ変わる、悪い習慣から卒業する

⇨例、東京都庁から金華山黄金山神社、JR大阪駅から金剱宮

自宅から東の神社で新しいお客様やチャンスを呼びこむ

⇨例、東京都庁から猿田神社、JR大阪駅から伊勢神宮

自宅から南東の神社で信用力を付ける、優秀なスタッフを採用する、お店が繁盛する

⇨例、東京都庁から天津神明宮、JR大阪駅から瀧原宮

自宅から南の神社で知名度をアップする、ファンを増やす

⇨例、東京都庁から安房神社、JR大阪駅から丹生都比売神社

自宅から南西の神社でコツコツ努力する力を手に入れる

⇨例、東京都庁から伊勢神宮、JR大阪駅から金刀比羅宮

自宅から西の神社で金運アップ、人生を楽しむ力を手に入れる

⇨例、東京都庁から賀茂別雷神社、JR大阪駅から厳島神社

自宅から北西の神社で決断力、健康を手に入れる

⇨例、東京都庁から金剱宮、JR大阪駅から出雲大社

になります。

ぜひ社務所でご祈禱をお願いして昇殿参拝をして、神様に向かって「なりたい自分になる」と宣言することをおすすめします。しっかり神様にお願いして、神様があなたのファンになっていただけたならこれほど心強いことはないはずです！

もしかすると神様からのメッセージをいただけるかもしれません。

ついでに温泉に浸かって、地物の美味しいものを食べて、英気を養って新しい自分への脱皮をする時間を作ってみてください。ラッキーエネルギーがどんどんたまってきます。

行くタイミングを合わせていけばより効果がアップします。

ある女性の方で、夫婦仲が悪く、ご主人が競馬やパチンコなどギャンブル三昧、遊んでばかりで家にいないし仕事をしないので困っているとご相談いただきました。偶然ご夫婦ともに、北東の方位を取ることができたので、定期的に東北方向の温泉旅行に二人で行くよう鑑定しました。数か月経って話を聞いたら、この女性の方が妊娠されたそうで、赤ちゃんができたきっかけで、ご主人が突然仕事に精を出すようになり、結果的にギャンブルを卒業できたということになったそうです。そして結果的に仲の良い夫婦に戻ったそうです。

方位を取ってもすぐに結果は出ませんし、叶えたい願いがそのまま叶うとは限りませんが、不思議な縁がきっかけで事態が好転していくのが吉方位を取る効用です。

自宅から行こうとしている神社が吉方位かどうかは、

東・西・南・北の範囲は30度
南東・南西・北東・北西の範囲は60度

の範囲で確認してください。

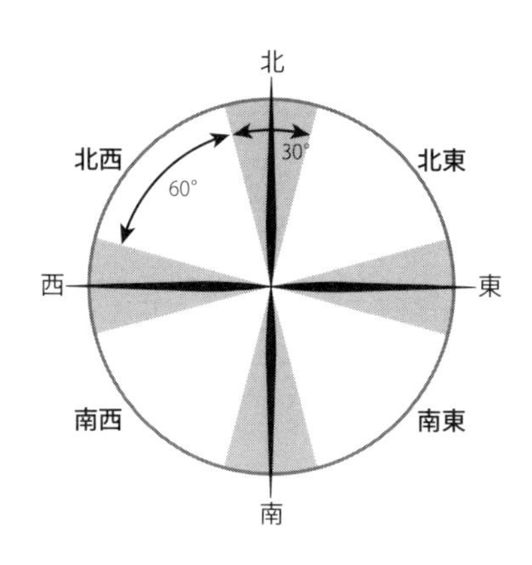

4　ファンが増えるおすすめの神社

30代前半から神社巡りが趣味になり、日本全国いろんな神社が訪れましたが
「●●神社に参拝したから■■になった」
というご利益を感じられる神社にはあまりご縁がありませんでした。

ファン気学に出会って、方位の力を借りるようになって、
「○○神社に参拝したから□□になった」
と感じる出来事が多くなりました。

例えばファンを増やしたいとお願いしたい場合、芸能や音楽の神様で有名なところと言えば、京都の車折神社や東京では豊川稲荷、他にも弁天様を祀っている江島神社、天河大弁財天社、厳島神社などが有名です。
芸能に関する神社のご利益と言えば
「映画やドラマの主役に抜擢された」「オーディションに受かった」
一躍スポットライトを浴びて、知名度がアップしてファンが増える。そのようなご利益があるようです。

方位を取って一躍知名度アップのラッキーエネルギーのご利益があるおすすめの神社どこかというと、自宅から南にある神社です。

では南の方位に行くとどのようなことが起こるかと言えば、

・マスコミに取り上げられる
・知名度がアップする
・生活が華やかになる
・努力が表に出てくる

私の場合も南の方位のラッキーエネルギーを借りました。

南の方位の神社に参拝してからファン気学の内容をブログで書き始めました。これまでは増田にさんざんブログを書けと言われ続けたのですが、それまでは続けることができませんでした。今回はお百度参りのようにまずは100日続けようと思ったところ、60日ほど経ったところで、この本の出版の話をいただいたわけです。

改めて南の方位のラッキーエネルギーの力の強さを実感しました。

南の方位のラッキーエネルギーをこれまで何度か取ったことがありますが、東の方位と比較して少し時間はかかりますが、出る時ははっきり効果がわかりやすいので、ラッキーエネルギーを取る価値があります。恵方参り同様、自宅から1キロメートル以上遠い神社がおすすめです。

知名度がアップするラッキーエネルギーを借りてファンを増やしたいなら、ぜひ南の神社に参拝してみてください。

行くタイミングを合わせていけばより効果がアップします。

5　お客様が増える商売繁盛のおすすめの神社

会社や飲食店などのお店を経営していると、やはり商売繁盛のご利益のある神社は気になるところです。

東京の神田明神、伏見稲荷、豊川稲荷などのお稲荷さん、島根県の美保神社など、えびす様がご祭神の神社、酉の市で有名な神社も商売繁盛をご利益とされています。

商売繁盛、お客様があふれている状態はどういう流れで実現していくか。

飲食店を例に取ると、まず開業して、口コミサイトに何件か口コミが入ると評価点が出るようになります。

その後ようやく★の評価が3.5になり、地域一番店になってくると検索して★の評価を見て、「間違いない店」という評価を得て、お客様がどんどん入ってくるようになります。

商売繁盛の会社やお店になるためには、★3.5のような「あの会社、お店は間違いない」

という信用、評判が必要になります。

この信用がブランドになり、評判が評判を呼ぶ状態ができるようになります。

方位を取って商売繁盛のラッキーエネルギーのご利益があるおすすめの神社どこかというと南東の神社です。

では南東の方位に行くとどのようなことが起こるか。

・会社やお店の評判がアップする
・客が増える
・経営が軌道に乗ってくる
・優秀な人材が採用できる

ただ南東の方位のラッキーエネルギーを取ってもすぐに結果が出るわけではなくじわりじわりと効果が出てきます。2～3年ほどの長い期間が経って振り返ってみると評判や信用力が上がっていたというような効果の出方です。しかし経営者であれば一度は取っておくことをおすすめいたします。

ブランド力、口コミサイトの点数など評判を良くして集客力をアップさせたいなら、ぜひ南東の神社に参拝してみて下さい。

また新しいお客様を呼び込みたいのであれば東の方位の神社もおすすめです。

東の方位に行くとどのようなことが起こるか。

・運気が開ける
・仕事や事業が新しい展開を迎える
・人がにぎわい評判が良くなる
・口コミが広まる
・努力の結果が表に出てくる

まさに東から朝日が昇るがごとく運気が上向いてきます。
また東の方位取りは参拝すると他の方位より早く効果が出てきやすいようです。
お店や商売をやっている人はぜひおすすめの方角です。

飲食店をされているお客様で、ゴールデンウィークで休みが増えるので集客に不安だという方がいらっしゃいました。東の方位の神社参拝をやっていただいたところ、5月の休業が多かったにも関わらず、お客様の来店が多く月の売上目標を達成することができたというお声をいただきました。東の方角だったので、結果が早く出たわけです。
行くタイミングを合わせていけばより効果がアップします。

 金運にご利益があるおすすめの神社

金運にご利益のある神社に参拝されたことはありますか？

経営コンサルタント船井幸雄先生が提唱した日本三大金運神社は

富士山の麓の新屋山神社
石川県の金剱宮
千葉県館山市の安房神社

です。他にも宮城県の金華山黄金山神社なども有名です。

全国各地の有名な金運にご利益のある神社には一通り参拝してきましたが、参拝してすぐに結果が出たというよりは3年くらい毎年参拝しているとじわりじわり利いてきて、気が付いたらお金が回っていたかなという印象です。

金華山黄金山神社は、
「三年続けてお参りすれば一生お金に困ることが無い」
と言われています。あながち迷信でもなさそうです。

でももっと短期でなんとかしたいという方もいるでしょうし、上の4つの神社は自宅から遠いという方もいるはずです。

ファン気学で金運にご利益があるおすすめの神社どこかというと西の神社です。

では西の方位に行くとどのようなことが起こるか。

・臨時収入が得られる
・必要な交友関係が手に入る
・飲食業は運気がアップ

お金に困ったら、ぜひ西の神社に参拝してみて下さい。

金運がアップや新しいビジネスにつながる人脈ができること間違いなし。

行くタイミングを合わせていけばより効果がアップします。

7　吉方を取るとどれくらいで効果が出るか

吉方を取ると吉方の種類にもよりますが、だいたい早ければ1週間から10日くらい続けると、何か良いことが起こり始めてきます。

日々の貯徳のような吉方に行く行為は毎日では小さいものかもしれませんが、続けていくと運を引き寄せる力が流れに乗ってくるような感じで徐々に渦を巻いていくように大きくなっていくような感覚になっていきます。

長距離の旅行のようなものになると効果を実感するまでは数か月から1年位かかることもあります。

ただ少し結果が出るまでに時間がかかりますし、結果が出るまでに状況が変わってしまうこともあるので、大掛かりに何かを仕掛ける際など使い方を考える必要があります。

ちなみに、以前方位学の大家の方をコンサルさせていただいていた際、
「鑑定して1回効果が出たら、もう来なくなるから困ったものだ」
と嘆かれていました。

毎日短距離を取る吉方と、一回長距離を取る吉方。どちらが得か。
これは好みなので、自分自身が続けられる方が一番いいです。

お金の余裕がない場合は、毎日少しずつ取るだけでも結構な効果があります。
例えば毎日400円で温かいコーヒーや紅茶を飲む、喫茶店で吉方を取る自己投資をする行為は、1か月にすると12000円になります。毎日400円喫茶店で吉方を取る自己投資をする行為は、毎日積み上がっていく複利計算ですから、年1回の旅行での一時金としてのリターンよりは、自己投資のリターンを得られやすいです。

取る方向によって、吉が出てきます。自分の不得意などを克服するのには、毎日少しずつの毎日取る吉方がおすすめです。

8　現状を打破するために動いて幸運を引き寄せる

物事がうまくいかない時、気分を変えるために、いつもと違う場所で仕事をしてみる。

ノートパソコンと通信環境さえあれば、どこででも仕事ができる時代になりま

した。

私も本の執筆をしている時、アイデアが浮かばず、煮詰まった時は、その日の自分にとって良い方位のカフェに行って、カウンターに座って終日原稿を書いていました。

とても集中して執筆が捗りましたし、
「良い方位に来たから良い結果が起きるはず」
という自己暗示はとても効果がありました。

物事がうまくいかなくなった時というのは、それまでの習慣や行動パターンが時代や環境の変化に合わなくなったということを示しています。

まるで冬の時期のように陰のエネルギーの極みという状態で、寒さで体が固まった状態です。

温泉やジョギングなどで体を温めてほぐすように、動いて膠着した状況を打破していく必要があります。

その場合とりあえず朝の30分でもお気に入りのカフェ、その日の良い方位のカフェで一服しながら日常から離れて気分が変えてみることをおすすめします。いつもの視点も変わります。

環境の変化が早くなると、これまで以上にこの環境適応のための調整能力が求められるようになりました。

少し合わなくなった歯車を調節しながら、合わなくなったこれまでの習慣、ルールを動かしてみると、新たな方向に会社も動いていくはずです。

9 引っ越しをして運を良くしていくことができる

方位を取ってなりたい自分になる、最も効果があるラッキーアクションは、引っ越しです。

私たちの会社も、運気が停滞していた時期にオフィスを移転しました。

それまで運気を上げるべく毎日自分たちにとって良い方位を取るラッキーアクションを取り続けていましたが、成長スピードも鈍ってきたと感じたので、次のブレイクスルーに向けて、思い切ってオフィスを引っ越しました。

その後、2～3年ほど経った頃からファン気学のコンサルティングやウェブマーケティングを中心とした経営コンサルティングが増えてきました。また日本を代表する大企業のコンサルティングもいただくようになりました。

運気の停滞期にオフィス移転を決行したことは、会社を好転させる上で必要な決断でした。

一般的に、八方塞がりや厄年などの人生における運気が下がる時期は、厄除けのお寺や神社では方位除けと称してお祓いをすすめられます。ファン気学を活用すれば、運気が停滞する時期だからこそ、逆手に取って良い方位の引っ越しでラッキーアクションをすることで運気を開くことが可能です。

先ほどご紹介したエステサロンのオーナーですが、毎月吉方位を取る鑑定をしたところ、数か月後、サロンの近くにその年の引っ越しに良い方位にちょうど良い大きさの空き店舗を発見したと連絡がありました。引っ越しの最適の時期を鑑定して、引っ越ししたところ、すぐにより高額のお客様がいらっしゃって、予約が入らないくらい、大人気のサロンになりました。

お店やオフィス、自宅を移転するのは、人生を好転する上でとても力強い方法です。

会社の移転、自宅の引っ越しには方位、時期を調べる必要があります。ご興味がある方、思い切って人生を変えたい方はご相談ください。

10 塩風呂に入り身も心もすっきりする

コロナ危機による突然の環境変化。知らず知らず心理的ストレスが溜まり、身体もコリがひどくなります。そんな時に気軽に心身をメンテナンスできるのにおすすめなのが塩風呂です。

用意するものは

・粗塩大さじ2杯（疲れ具合で足してもOK）
・清酒1合（お好みで）

やり方は簡単で粗塩と清酒を入れてお風呂に入るだけです。

効用は
・気分がすっきりする
・発汗作用がありデトックス効果がある
・血行が良くなり、体が温かくなる
・血流が良くなると体のコリが減る

注意点としては、
・追い炊きしない（配管が傷む）
・湯舟は1人使ったら、捨ててしまう。

古事記などに記されている日本神話によると、イザナギ神も体がけがれた時に禊（みそぎ）を行い、体を浄めています。

体を浄めることでアマテラス、ツクヨミ、スサノオなど多くの神様を生み出しました。

塩風呂に入ると、身も心も生まれ変わることができるのです。
不要なエネルギーを手放し、身軽になってコロナ危機を乗り切りましょう。

11 満月の力を借りて不要なエネルギーを手放す

満月も心身のメンテナンスにとても役立ちます。新月から満月まで引力がマイナスからプラスに働いていますが、満月を境にプラスからマイナスに下がっていきます。
そこからはこれ以上無理に頑張っても成果は上がりづらくなります。少しクールダウンして、頑張った自分をねぎらうことをおすすめします。

満月を挟んで4日程度は大潮の時期にあたります。
大潮のタイミング、新月や満月から1－2日後が干潮と満潮の差が最も大きいため、潮の流れが最も強くなります。
徳島の鳴門の渦潮も大潮の日の満潮、干潮のタイミングで最も渦潮が大きくなります。

年2回、6月末と12月末に神社で行う大祓（おおはらえ）。
そこで唱えられる大祓詞の後半部分で「はらえ」に関して触れられています。

荒潮の潮の八百道の八潮道の潮の八百会に坐す。
速開都比売と伝ふ神。持ち加加呑みてむ。

人が近づけないほどの大海原の沖の多くの潮流が渦巻くあたりにいらっしゃる速開津比売（ハヤアキツヒメ）という女神が、その罪をガブガブと呑み込んでしまわれることだろう。

速開津姫様は鳴門の渦潮に入らっしゃる浄化の女神ではないかと私は思います。

渦潮が最も大きくなる満月のタイミングは速開津姫様のお力を借りて、溜まった疲れを取るために塩風呂に入って自分の体をねぎらうことをおすすめします。

12 物事のスタートに干支を活用する

年賀状でおなじみの干支。特になじみのある十二支の考え方ですが、もともとは2000年くらい前に中国で始まった年の数え方です。

木星が12年周期で観測されたところから、年を数える方法として使われています。

月の周期である29.5日、太陽の周期である365日以上の時間の長さを計る周期として木星周期である12年が採用されました。

ついでに、太陽の周期365日を月の周期30日で割ると12か月になり、便利なので、月の名称にもこの十二支を当てるようになりました。

旧暦の11月、今のカレンダーで12月を子と決めて、12月子、1月丑、2月寅、3月卯、4月辰、5月巳、6月午、7月未、8月申、9月酉、10月戌、11月亥という順番で月を当てはめています。

さて、ご自身の干支、大事にしていますか？

ファン気学では、自分の生まれた干支の日や干支の月、干支の年に始めたことは長続きして、発展するという考えがあります。

私の場合、卯年生まれですが、3月である卯月や卯の日も大事にしていて、何かを始めたり、神棚のお供えや家の盛塩を新しくするのもこの日を意識して行っています。

東洋の考え方では、季節や年月は循環すると考えます。

吉の日を自分で意識すれば作り出すことができます。

みなさんもご自身の干支の日、月を意識してみてください。

13 自分の勝ちパターンが見つかるまで努力し続けた人が成功する

転職して10年。多くの経営者の方々のコンサルティングをさせていただきました。

特に20年以上経営されているベテラン経営者のクライアント様には私の方が学ぶことが多々あります。

ベテラン経営者の方を拝見していると

「ある領域で圧倒的に優れた才能を持っている」

ことに気づきます。

会社を維持発展させてきた際に培った社長ご自身の成功パターンを持っている方々がほとんどです。

・圧倒的な新規開拓の営業力でのし上がった方
・日々のPDCAを徹底して回し続けて業務を拡大されてきた方
・ビッグチャンスのサインをつかんでしっかり投資してヒットさせた方
・優秀な部下を見抜いて採用して、任せることで成長した方

その方のファン気学のタイプを鑑みても、それぞれの個性を生かして成功をされているように思えます。

何かしらの自分自身の必勝パターンをつかめないと、起業しても事業を軌道に乗らないと私は実感しています。同様に、起業する前に自分自身の成功パターン、成功体験がないと、起業してもなかなかうまくいかないはずです。まずは今いるステージで成功パターンを見つけた上で次のステージに行くことをおすすめします。

一般的には六白金星タイプが社長星で経営者に向いていると言われますが、個々の星の強みを生かした起業をすればどのタイプの人でもうまくいくのだとベテラン経営者の方々を見ていて思います。

14 物事の裏表を占いから読み解く

昔の人は悩んだ時に占いを使っていました。

紀元前1700年頃、今から4000年近くも昔、古代の中国ではカメのお腹の甲羅に先を燃やした枝を押し付け、割れたヒビの形で物事の判断や吉凶、方角などを占っていました。

占いは特に古代の政治においては当たり前のように使われていました。

現代の日本においても2019年に行われた今上天皇の即位の際に小笠原からアオウミガメの甲羅を使って、大嘗祭で使う穀物をどこから持ってくるかこの方法で占ったそうです。

占いとは、日常生活で起きた現象の裏側にある背景や原因を推測するために行われます。

起きた現象を表、その背景や原因を裏と考えていくとわかりやすいものです。

海に浮かぶ氷山のように、海面より上に出ている氷はほんの少しでも水面下にはとてつもないほど大きな氷の山が隠れていることがあります。表に出ている現象だけでは本当の実態や原因もわからないものです。

タイタニック号のように氷山にぶち当たって沈没してしまうようなことがないように、占いによって、現象がなぜ起きたかその問いを占うと、現象の起きた原因の成り立ちが占いの結果に反映されていきます。

その結果を読み解いていき、裏の原因に気づき、解決に向けた行動を取ると、今度は表の現象が好転していくと考えられています。

カメの甲羅を使った占いはその後中国で進化し、易という占いに進化しました。

例えば易で「山風蠱」という占い結果が出たとします。

この結果は

「放っておくとますます状況は悪化する。一刻も早く手を打つことが必要」

という意味です。

この結果が出たということは

「何か問題を放置していないか？」

と易に問われていることの暗示です。
自分の心にそのことを問いながら、原因を特定し、変えるきっかけをつかみ、行動を起こすことで、現実が変わっていくことが起きるのです。
占ってもそれが当たったか外れたかを楽しんだだけでは、現実は何も変わらないのです。

15 毎日貯徳を行い危機もチャンスと捉える

毎日ラッキーアクションを取り続けると、日増しに開運力が上がってきます。

ファン気学の基本的な考え方として
「行動を起こして運気を上げる」
「自分の気を整えて、お客様に良い気を届ける」
というスタンスで毎日吉方に行って気を整えてから、日々の仕事を行っています。

監修の増田を見ていて興味深いのは、自分目線で自分が運気を上げて自分が得をするというよりは、相手目線で相手のために自分の運気を整えることで徳を積むような姿勢で行っているところです。

相手目線の「貯徳」の姿勢は、短期的にリターンは見えにくいですが、長期的に見ると着実にステップアップしてきたと、増田の側で見ていて実感しています。

毎日貯徳し続ける習慣が身に着くと、コロナウィルスにより突然襲った変化や危機さえも、チャンスと捉えることができるようになります。今回のコロナ危機のような不意の事態や変化は今後も起こることがあるかもしれません。そしてその出来事を受け入れることが難しいこともあるでしょう。
自分の目の前に起きた不測の出来事を受け入れ、起きた出来事のすべてが自分にとってプラスの意味があると信じることができれば、人生はとても生きやすくなります。

全てを受け入れて前向きに生きていくためにも、毎日自分にとって良いことが起きる行動である

・今年の恵方に行く
・自分にとって運気が上がる方位に行く
・自分にとって運気が上がるビジネス・仕事を行う

などのラッキーアクションを取り続けることで、不測の出来事が起きた時にプラスの意味を見出すことができるはずです。

だって毎日良い行動を取り続けているのですから。

おわりに

――ファンを増やすには、努力し続ける才能が必要

監修の増田には、成功の秘訣として確固たる信念があります。

それは「スターは努力できる才能のある人しかなれない！」というものです。
娘が宝塚にいた時代に、宝塚の先輩や同期や後輩が、毎日地道にストレッチをし、発声をし、たった一度のワンチャンスを掴んでいく。また、どんなに体調が悪くても、それをおくびにも出さずに、自分を見に来てくれるファンのために、笑顔で舞台に立っている姿を見て、それを痛感したそうです。

この本でお伝えしたことの中には、日々コツコツ努力する必要があることが多くあります。
キャラを活かしたブランディング、相手に合わせたコミュニケーション、ビジネス開発、スキル開発、ラッキーエネルギーは努力の方向性を示してくれます。
ファンの期待に応え続けていけば、ファンがより熱狂し、ファンが増え、そして仕事も増えていきます。ぜひみなさんも楽しく継続的なステップアップをしながら成功をつかんでください。

この書籍のもとになったのは2019年6月から2020年6月まで1年続けたブログです。
ベースタイプが七赤金星の私はもともとめんどくさがりやで三日坊主でした。しかし、一念発起し、毎日コツコツブログを書くことを日課にしてファン気学の文章を書き続けました。七赤金星の私の力になった二黒土星スキルである、毎日地道にコツコツ続ける力。これが身につきブログを書くことが習慣化できたおかげでファン気学の内容をここまで体系化し、本書を完成できたと思います。
ご紹介したファン気学の内容は私と増田が10年かけて会社を軌道に乗せていく

なかでお互い切磋琢磨し、もがき苦しみながら編み出した、自分らしく生きながら、自分らしく成功して行く術です。

八白土星キャラの私は増田と一緒に仕事をし始めた当初から「いつかはROSESを継いでほしい」を言われ続けていました。しかし、「ファンクラブコンサル」というコンセプトとファンクラブコンサルティングというビジネスをプロデュースしたにも関わらず、二黒土星キャラ、母キャラが強い増田の立ち振る舞いや仕事の仕方を継承し、会社を継承するなんて無理だとずっと腰が引けていました。数年前から本格的に九星気学や易、風水を学び、ファン作りのノウハウを融合させたファン気学を体系化できたことで、私なりのROSESのビジネスを継承できる礎ができたように思えます。

先が見えない時代だからこそ、これまで日本で培われてきた古典や伝統的な開運技法が役に立つことがあります。みなさんの明日を照らす光の一助となれば幸いです。

最後になりましたが、九星気学・易の世界に導いてくれた故村山幸徳先生と、常日頃からサポートしてもらっている監修の増田悦子社長に感謝を込めましてこの本を締めくくらせていただきます。

プロフィール

著者

久保田兼右（くぼた　けんゆう）

ファン気学コンサルタント
株式会社 ROSES 取締役副社長
ウィルソン・ラーニングワールドワイド株式会社、ソフトブレーン株式会社を経て株式会社 ROSES 入社。
ソフトブレーン時代、椎間板ヘルニア、アトピー性皮膚炎に悩まされていたが、九星気学を学んでいた増田と出会い、故村山幸徳先生から選名をしていただき、運命を変えていく決心をする。

九星気学を基にした開運方位への引っ越し、選名、日々の開運方位取り、恵方参りなどを行い椎間板ヘルニアとアトピー性皮膚炎は、4 年でほぼ完治。
創業者の増田とともにファンクラブをコンセプトとした事業（ファンクラブビジネス）を立ち上げ、社長の増田をファンづくりの第一人者に押し上げる。
本業の傍ら、九星気学と易を村山幸徳先生に師事、四柱推命と玄空飛星風水を世界五大風水師レイモンド・ロー先生に師事、インド占星術を清水俊介先生に師事。東洋哲学を中心とした気学体系を学び、増田が独自に築き上げたファン理論と気学を融合させたファン気学の実証研究を日々行っている。

監修者

増田悦子（ますだ　えつこ）

1958 年生まれ。ファンクラブコンサルタント。株式会社 ROSES 代表取締役社長。
渋谷クロス FM『増田悦子のみんなでしあわせラジオ』MC

銀行秘書を経て結婚、二児の母。17 年間の専業主婦を経て、40 歳で娘の夢を応援するために復職。
同時に 6 年間宝塚歌劇団に所属した娘のファンクラブを運営。娘の引退後、ファンクラブ運営の経験を活かして、50 歳で起業。13 期目。

起業前にコーチングを学ぶ際に、「人間力をアップするために、仏教を学べ」と言われ、
故村山幸徳先生に仏教を学ぶ。
たまたま、村山先生が、九星気学も教えていらしたので、そちらも学ぶようになる。
「そんなに良い運勢をしてるのに、どうして人に使われているんだい？」という先生の言葉で、
起業を決意。
13 期経営をしてこられたのは、九星気学のお陰だと感謝している。
HP http://fanclub.biz/

著書に、中村悦子名義で
『人もお金も流れ込んでくる集客術 ファンクラブのつくり方』（すばる舎）
『売上が劇的にアップ！ お客様を虜にして離さない「ファンづくり」の法則』（大和出版）
『人もお金も自然と集まる ファンクラブビジネスの始め方』（すばる舎）
『SNS であなたのファンを増やす！』（自由国民社）
増田悦子名義で
『女性の起業は「キャラづくり」で成功する』（コスミック出版）
がある。

アフターコロナに飛躍するための「ファン気学」入門

2020年11月3日　初版第1刷発行

著　者　久保田兼右（くぼた　けんゆう）
監修者　増田悦子（ますだ　えつこ）

企画・編集協力
岩谷洋介（H&S株式会社）

装　丁　江森恵子（クリエイティブ・コンセプト）
組　版　松嵜 剛

発行者　高橋秀和
発行所　今日の話題社（こんにち わだいしゃ）
東京都品川区平塚2-1-16 KKビル5F
TEL 03-3782-5231　FAX 03-3785-0882

印　刷　平文社
製　本　難波製本

ISBN978-4-87565-655-5　C0076